时间增值

用有限创造无限

剑 飞/著

电子工业出版社·
Publishing House of Electronics Industry
北京·BEIJING

内 容 简 介

《时间增值》不仅为读者提供了关于实现时间增值的底层认知和行动突破的方法，还提供了一些具体的实践方法和进阶发展的建议。

本书适合对自己有要求、有上进心，想实现时间增值的读者阅读。读者可通过做自己力所能及的事情，在生存基础上求发展，撬动增值杠杆，创造生活的种种可能；通过成长看到更大的世界，用有限创造无限，通过打造个人品牌等，实现梦想，规划人生。

图书在版编目（CIP）数据

时间增值：用有限创造无限 / 剑飞著 . —北京：电子工业出版社，2023.4

ISBN 978-7-121-45202-4

Ⅰ . ①时… Ⅱ . ①剑… Ⅲ . ①时间—管理—通俗读物 Ⅳ . ① C935-49

中国国家版本馆 CIP 数据核字（2023）第 043858 号

责任编辑：滕亚帆　　　　　　特约编辑：田学清
印　　刷：中国电影出版社印刷厂
装　　订：中国电影出版社印刷厂
出版发行：电子工业出版社
　　　　　北京市海淀区万寿路 173 信箱　　邮编：100036
开　　本：880×1230 1/32　　印张：7.75　　字数：246 千字
版　　次：2023 年 4 月第 1 版
印　　次：2023 年 4 月第 1 次印刷
定　　价：89.00 元

凡所购买电子工业出版社图书有缺损问题，请向购买书店调换。若书店售缺，请与本社发行部联系，联系及邮购电话：（010）88254888，88258888。

质量投诉请发邮件至 zlts@phei.com.cn，盗版侵权举报请发邮件至 dbqq@phei.com.cn。

本书咨询联系方式：（010）51260888-819，faq@phei.com.cn。

推荐语

每个人一天只有 24 小时，没效率地过一个个 24 小时，梦想永远遥不可及。

在《时间增值》这本书中，剑飞通过他的实践总结出如何让时间倍增的高效率秘诀与方法。

如果你能将书中的方法付诸实践，就能帮助自己实现每一个梦想，创造精彩人生！

——周宏骐　新加坡国立大学商学院兼职教授

认识剑飞近十年。十年磨一剑，他是实践派典范。从《极速写作》《语音写作》到《时间记录》《时间增值》，这些都是他在实践方面狠狠扎根、理论方面适度升华的成长总结，他的作品有着独特的风格与价值。

注意，本书讲的并不是时间管理，而是用时间让人生增值的方法。

——张玉新　互联网义工

人生说长不长，说短不短，但总归是有限的。如何在有限的人生中体验精彩的生活、创造无限价值，是每个人需要思考的问题。其实答案也很简单：用好自己的时间，让时间增值。

这是一本个人时间增值指南。剑飞在书中打通了认知、行动和方法，给出一条实现时间增值和个人快速成长的清晰路径。

——刘 sir　书香学舍主理人

我们常说，时间就是金钱。但时间，到底价值几何？高手，是如何获得更多时间价值的？

《时间增值》中提出一个问题：把事情做到极致，才能把时间的价值发挥到极致。我非常认同这句话，并且打造超级个体，就是把个人时间 ROI 打磨到极致。如果你能按书中所写的进行实践，在时间增值的同时，做事的能力会得到提升，人生也能获得更多可能性。

——肖厂长　星辰教育创始人

前言

　　《时间增值》从底层认知出发开始介绍时间增值，不仅提供行动突破的方法和实践方法，还提供进阶的发展方法。

　　本书在底层认知的内容中，介绍了如何把力所能及的事情做到极致并取得新的发展；什么是力所能及的事情；如何在生存基础上求发展，并坚定自己的信念。想把事情做成，我们就要找到生活中遇到的问题和背后的解决方案，全然相信地去突破，自由创造新的人生状态，并让自己具备高手的稳定特质。

　　本书在行动突破的内容中，重点讲到如何运用自己的脑袋，把注意力放在要做的事情上，并定下目标，想象达成目标的种种过程，以及如何在人生当中做出合适的选择，通过行动引发行动，在事情做成之后打破限制，成为一个有成果的人，并找到一群优秀的同行者。

　　本书在实践方法的内容中，介绍了人在一生中可以做什么，如何把想法落地、做事的原则和方法、让时间增值百倍的 4 个方法，以及保持高效率的 3 个秘诀；还介绍了如果想加速成长，应该做哪 5 件事，如何养成价值百万的好习惯，如何打造持续的现金流项目，以及穿越时空的 4 个建议。

　　本书在进阶发展的内容中，介绍了应鼓励自己成为想成为的人，利用已有的资源和条件，创造生活的种种可能性，持续成长，看到更大的世界，展现自己的梦想，打造自己的个人品牌，规划人生，并且用有限的资源去创造无限的可能。

在时间长河中，用对方法，我们都可以实现时间增值。

剑飞

《时间记录》作者、时间统计 App 创始人

目录

第四章　184
进阶发展：释放无限精彩

规划你的人生 218

用有限创造无限 228

剑飞的时间增值法则：

- 把力所能及的事情做到极致

- 在生存基础上求发展

- 坚定的信念，是事情做成的保证

- 所有问题背后一定有解决方案

- 全然相信地做事

- 自由才能创造

- 稳定，是高手的特质

- 找一群长期的同行者

- 养成价值百万的好习惯

- 打造持续稳定的现金流项目

- 成为你想成为的人

第一章

底层认知：重新理解时间增值

- 把力所能及的事情做到极致
- 在生存基础上求发展
- 坚定的信念，是事情做成的保证
- 所有问题背后一定有解决方案
- 全然相信地做事
- 自由才能创造
- 稳定，是高手的特质

把力所能及的事情做到极致

什么是力所能及的事情

"力所能及"是说，一件事情，只要你去做就能做成。也许你不一定能做到最好，但只要去做，哪怕做一点点，也会比原来厉害一点点。

做力所能及的事情，不是做超出能力范围的事情，而是做能力范围之内的事情。把一件事情做到极致，它会带来意想不到的收获。

什么事情是自己力所能及的事情？一定要认真思考这个问题。

举一个自己的例子，我从 2012 年开始做语写这件事情，并且我在自己力所能及的范围内把事情做到了极致。2012 年我不一定比 2022 年做得更好，但是我从那时候就开始把能做的事情做到极致。在刚开始练习写作时，一段话写 50 个字，就已经封顶了，再怎么写也写不下去，既没有思路，也没有想法。当时我刚刚步入社会，觉得没有什么事情可以写。

于是，我就把所想的、所做的、所说的、所听到的、所看到的，先写下来。在写了很长时间之后，渐渐发现可以把自己所做的事情形成一个体系。所以语写是我们力所能及的范围内的事情，我们可以把它做到极致。

每个人都要想一想：如果自己可以做很多事情，那么在力所能及的范围内可以做成的事情到底是什么呢？这不仅是一个问题，也是一个答案。

如何把力所能及的事情做到极致

我在年轻的时候就想，如果哪一天自己的腿不能走路了，手不能用了，眼睛不能看了，耳朵听不见了，那么我谋生的技能是什么？

基于上面的假设，我学会了不少技能。语写技能就是假设自己的眼睛不能看了，但我还能讲而学会的。会讲也是有收入的，成为优秀的演讲者，收入可能会更高。

阿西莫夫在他的自传《人生舞台》中写道："我一小时的演讲可以赚到 2 万美元。"把"讲"发挥到极致，可以锻炼我们的演讲技能。

大家还可以想想：如果没有了身体所承载的某一项能力之后，使自己存活下来的技巧和方法还有哪些呢？你不用真的去做，纯粹想象一下，就会得到很多启发。只有把自己能做的事情做到极致，才会发现原来自己有那么多的能力没有发挥出来。

要给自己一些时间去思考一个问题——把"力所能及的事情"

做到极致，这种"极致"到底是指一种什么程度呢？

很多人不能理解一件事情，是因为他们不知道这件事情的结尾，比如写作就是能让人看到开头，却看不到结尾的事情。

写作可以让我们的身价增值，但是只有极少数的人会花一辈子的时间把写作的能力发挥到极致。换句话说，**很多人可以将写作能力发挥一阵子，只有极少数人能够把写作能力发挥一辈子。**

原因在于生命是用来体验的，大部分人的兴趣很广泛，喜欢做很多事情。事情一多，就忘了自己最开始出发时是为了什么。

找到一件力所能及的事情并把它做到极致，意味着你只要找一件事情，不用管这件事情是什么，或者最后的结果是什么，就在你的能力范围内去做。

能力范围内是指今天就可以做，或昨天就已经在做，或过去很多年一直在做，直至你人生的终点。

你不可能把所有领域内的所有事情都做好，而只能聚焦在少数能做的而且做到极致的事情上。

所有的专家都不是一天之内变成专家的，而是在专业领域范围内把**力所能及的事情做到极致**。

一件力所能及的事情不会超出一个人的能力范围，否则，他就无法做到了。每次想要做些什么的时候，不要总想着干大事，而是想今天到底能做什么，把能做的事情列出来，看看哪些事情是可以持续不断地往下做且可以做得更好的。

换句话说，在这些力所能及的事情中挑一些打算做一辈子的事，只挑其中一两件就够了。

最怕的是你有这项能力，但是不去用它，或者你有这项能力，但是过度"浪费使用"。

所谓"浪费使用"，比如一个人有很多钱，他不太在意钱怎么花，于是浪费了很多钱，不该花的也花了。如果他的钱不多，花钱的能力就有了，因为要精打细算。一个没有多少钱的人，通过精打细算，认真研究投资技巧，也可以使财富得到增长。

当自己的钱多到一定程度时，一些人精打细算的动力就没有那么足了，很容易把钱"浪费使用"。有的人因为比较容易获取财富，比如中了大奖，而把钱过度"浪费使用"，没有使财富得到增长。

有时候因为资源有限，能力反而能得到提高。要想财富得到增长，就要力所能及地多赚钱、力所能及地少花钱。

再如，正因为你每天睡觉占用一天大约 30% 的时间，才会思考如何利用不睡觉的时间更好地创造价值。如果可以不用睡觉，时间就会比现在多，我们就真的能做很多事情吗？不一定。

随着社会的发展，现在人们的工作效率和十几年前、二十年前的工作效率比起来，明显提高了，但是时间变多了吗？没有。时间去哪儿了？有可能是娱乐时间明显增多了。以前没有抖音，没有视频号，以前的电视节目没有现在这么丰富多彩。现在，我们不仅可以看当下的节目，还可以看以前的节目。工作效率提高后，多出来的时间可能花在了娱乐方面。

时间看起来多了，但效率并不一定因此而提高，除非你把时间用在一个特定的领域。

这个特定的领域是指你自己现在就能做，可以不断增值，且越来越增值的事情。

只有持续投入，我们才能把力所能及的事情做到极致。

力所能及的八件事之一：阅读

如果正在读这本书，那么你已经具备了一项能力：阅读。

阅读，是一项非常基础的技能。

刚出生的婴儿是不认字的，他需要经过长时间的学习，经过从不识字到识字这一过程，才能获得"阅读"这项技能。

回到最开始，阅读这项技能是怎么学会的呢？坐在教室学习，跟着老师念字，自己回家认字，模仿写字，识字之后天天读书，继续强化，不断认字。

在认识大部分常用字之后，即便有不认识的字，也知道通过查字典认识这个字，了解新字的意思。

如果想通过学习成为一个领域的专家，基础技能就是阅读。

大量看书就是把"阅读"这件力所能及的事情做到极致。

也许刚开始只能看一些简单的书，只要你一直在看书，把大部分的时间用来阅读，可能用不了很长的时间，你就会发现自己已经比原来厉害多了。

我们要力所能及地把书读到极致。

力所能及的八件事之二：写作

如果能把自己每时每刻的想法写下来，就能把"写"这件力所能及的事情做到极致。

更进一步，把自己脑海中的想法高效率地变成文字，就是语写——将自己所想的变成所说的，将自己所说的变成文字，最后变成对方能懂的内容。每个人都可以力所能及地把写作做到极致，并让其产生相应的价值。

如果会讲、会写，别人不仅听得懂、看得懂，还听得入迷、看得入迷，那么你便将写作能力发挥到极致了。

如果感觉自己在脑海中把一件事情想清楚了，在把它说出来或写出来后，信息不是很全面，或者觉得不是自己所想的，对方没有完全听懂，那么你需要继续学习写作这项技能。

写作不是基于个人的知识结构，而是基于共有的知识结构，这样别人才能看懂你写出来的东西。如果对方不懂中文，而你用中文写得再通俗易懂，对方也无法明白你表达的意思。

我们要力所能及地把写作发挥到极致。

力所能及的八件事之三：赚钱

赚钱，是这个时代大多数人的基础技能。

从当下来说，已经把赚钱这件事情做到极致了。放眼未来，可以把赚钱做得更加极致。为什么？因为你曾经挣到过钱，今天完全可以利用你的能力去挣一笔钱。

你所能完成的最小的商业闭环，就是你的赚钱能力。

有人认为自己缺乏赚钱的能力，我想说的是：人人都有赚钱的能力，但不要做能力范围之外的事情。

假设你原来月收入为 1 万元，下个月就想月收入达到 1000 万元，这就超出了自己的能力范围。如果原来月收入为 1 万元，现在多做一些事情，就有可能实现月收入为两三万元。将在每个时间段提升一点点，作为对自己的要求，只比上次稍微增值一点点，就是在自己的能力范围之内做事，大概率是可以做到的。

思考赚钱的逻辑是，想清楚自己的目标，以及用什么方法实现目标。只要我们努力一把，有些目标就可以实现一点点。

"自由才能创造"，在这时候表现得特别明显。如果你一直在赚钱，突然有一天发现自己的时间在不断减少，且无法增加，再继续赚钱，就完全超出了你现有的能力。这时候，不是没有能力，而是没有时间。

再如赚钱，如果一天赚 300 元，生命会无限长，只要把自己每天的消费控制在 300 元以下，你就会成为一名富翁。因为你每天都有结余，只要生命无限长，总有一天，你可以不用赚钱。

但为什么总会出现钱不够用的情况？主要原因在于生命是有限的，总时间是有限的，在有限的时间内，做到了就做到了，没做到就没做到。所以**绝大部分人的增值方式，不在于他的时间长度，而在于时间结构。**

明白这一点，你就能明白为什么"自由才能创造"。

为什么人要不断地做新的事情？因为需要明白你的真实身份是什么。换句话说，要明白什么样的方式可以作为你当下赚钱的逻辑。

没有结婚的时候，一人吃饱，全家不饿。如果成家了，上有老下有小，考虑问题的方式就不一样了，必须把自己的时间增值，这是责任。

时间增值有两种方式：一种是线性增值，就是持续多年稳定增值；一种是非线性指数级增值，3 年、5 年没动静，5 年、10 年突然增长一大波，10 年、20 年再增长一大波。这种非线性指数级增值还可以分为两种方式：一种是增长一次；一种是增长多次。

要清楚自己的赚钱逻辑，在力所能及的范围内将赚钱能力发挥到极致。

力所能及的八件事之四：煮饭

有人煮饭煮了一辈子，可能也煮不好。稍微经过短暂的训练，知道做多少饭、放多少水、煮多久，就可以把煮饭这件事情做好。如果不断地研究煮饭，就能把煮饭这项能力发挥到极致。

一个人学煮饭，需要花一辈子的时间来学习吗？不需要。

一个人成为美食专家，需要花很多年才能成为美食专家吗？不需要，他需要的是重复练习技能，不断深耕到一定程度。

日本的"寿司之神"小野二郎做了一辈子寿司，不断地重复做寿司的流程，不断地对寿司进行优化。他所做的事情没有超出他的能力范围，通过不断地做能力范围之内的事情，把做寿司这项能力发挥到了极致。

换句话说，他在 20 年前和 20 年后，做寿司的水平可能不一样，但 20 年的成长过程，并不是从 0 直接到 1 的过程，而是从 0 到 0.1、0.2、0.3……的过程甚至是从 0 到 0.1、0.11、0.111、0.112……的过程，他不断地一点点提高自己的能力，最终变成一位专家。

我们要力所能及地把煮饭发挥到极致。

力所能及的八件事之五：呼吸

人的生存离不开呼吸。呼吸做得好的人，在很多领域都是顶级大师。

不管在哪个领域，当做和个人潜能相关的事情或需要发挥个人能力的时候，我们都要专注呼吸。瑜伽、静坐、潜意识的连接，都离不开呼吸。跑步若要跑得好，就要注意呼吸节奏。一般人在做田径运动时都需要调整呼吸，以提升爆发力。人在做俯卧撑时，如果只做三五个，没什么关系，但做三五十个，就需要呼吸配合。

在所有的能力中，必须有一项是呼吸，呼吸跟专注相关。

呼吸发挥到极致会使人拥有极强的专注力。

有人会疑惑：呼吸这么简单的事情，还需要练习吗？呼吸不仅需要练习，而且需要持之以恒地练习。

很多人虽然每天都在认真工作、生活，但是他们并没有专注在此时此刻，而呼吸这样一个非常简单的动作，如果你能把它做到极致，就可以提高你的专注力。

绝大部分会掌控自己呼吸节奏的人，其专注力很强。一旦他们进入专注的状态，呼吸就会变得又缓又轻，他们生怕呼吸打断自己的思绪。

有的人每天专注呼吸的时间都不超过两分钟，他的专注力一定不强。如果能随时随地专注呼吸，你就会发现自己能很快集中注意力。

每当做一件事情时，可以想想自己正在做什么，此时此刻在想什么，这样注意力就能回到真正要做的事情上，专注在要做的事情上。

任何时刻，只要专注呼吸，就能专注当下。你可以将每天深呼吸 3~5 分钟作为一种习惯。

如果想培养孩子的注意力，或者自己比较焦虑，事情比较多，想要聚焦当下，那么可以每天用 15 分钟进行注意力练习。

不管什么时候，注意力练习都可以做，当你感觉有压力、注意力不集中，事情做一半不想再做，或者坐不住时，你都可以站起来，适当深呼吸，聚焦当下，开始注意力练习。

可以看眼前有什么物品，物品是什么形状、什么颜色的，不带任何评判地将名词说出来，比如红色的杯子、白色的袜子、方领的衣服，等等。用这种方式每天专注 15 分钟，你的做事效率会因此而大大提高。

我们要力所能及地把呼吸发挥到极致。

力所能及的八件事之六：搜索

只要会搜索，就具备让自己的知识形成体系化的能力。不管提出什么问题，搜索引擎都会给你相应的答案。问题有了答案，就会得到相应的结果。

将搜索技能发挥到极致，任何信息都会因为搜索来到你面前，问什么问题，就会有什么答案。

比如，你问："我想知道××的一生是怎么度过的？"问完这个问题，你就会想：××是不是有传记？通过看××的传记就能了解他的一生。然后搜索他的传记，搜索引擎会提供答案。

如果只是猜测，那么你得不到答案。想获得系统化的专业知识和技能，不能等别人给你，而要自己主动去获取。把搜索技能发挥到极致，你会找到自己想做的事情。

一个人搜索不出来自己从来不知道的东西，换句话说，如果你没有搜索过某个词，可能是你从来没听过这个词。

你搜索的，一定是你已知的词，起码听说过这个词，尽管不知道它背后的意思。比如搜索"《星球大战》的导演"，如果你没听说过《星球大战》，就没办法搜索出来。

提升自己知识量的方法，不是记忆，而是搜索。

在搜索之前，还要做一件事情，那就是查询百科。大部分知识是在你的知识框架之外的，查询百科可以系统化地了解某个领域的知识，让那些在你知识框架之外的知识，顺利进入你的知识框架。

MBA智库百科有一个分类索引，我都看过。这个智库是讲经济管理的，我以前学习的专业是市场营销，它属于经管类专业，于是我将 MBA 智库百科里的类目都看了一遍。

看完 MBA 智库百科的类目之后，虽然我不知道每个词条的具体内容，但知道很多框架和名字。这让我在听到某个人名的时候，会马上想：这个名字在哪里看见过？他的理论大概是什么？

在进入一个网站后，首先找的是网站地图。很多时候我们在进入一个网站后，不知道去哪里找需要的内容，特别是信息类网站，其信息量巨大，如果随意浏览，就会陷入庞杂、烦琐的信息中。所以将网站地图找出来，看内容分类，先把框架建立起来，再用搜索技能去深挖。这也是将力所能及的事情做到极致。

再如，虽然有一些书没有看过，但在被人问到的时候，我大概知道书中的内容，就是因为使用了搜索技能。挑一些不错的荐书网站，把推荐的书的简介都看一遍。

比如，我一开始没有看过《水知道答案》这本书，但是对这本书的简介印象很深，简介里说："天天对着水说话，对水说积极的话，拍出来的水结晶的状态比较好看，对水说消极的话，拍出来的水结晶的状态不好看。"这本书传递了一个理念——生活中要使用积极的语言。

建议大家在语写的过程中学会使用积极的语言，积极不仅意味着你能拥有更多的可能性，也意味着将给自己提供更多的思路。

我们要力所能及地把搜索发挥到极致。

力所能及的八件事之七：看到

视觉的能力包括两个方面：一方面是你能看，另一方面是你可以决定看什么。

你能看到的东西，决定了你所获得的。

你选择的信息源决定最后会获得什么。

在互联网，不管是 B 站、小红书，还是知乎、百度、视频号、抖音，想看什么，都由你自己决定。

是否要获得一条信息，取决于想获取什么样的信息。可以无意识地刷信息流，也可以有意识地用好搜索工具。想学习专业知识，它们不会自动来到你面前，而需要主动去搜索。通过使用搜索技能，可以获得专业知识或整个知识体系。

把所看到的发挥到极致，需要阅读大量图书、经常看电影。

以看电影为例，如果每天看电影的时间为 3 小时，并坚持 10 年，会成为电影领域的专家。没有高级设备、不会拍电影也没关系，可以发表电影评论。

如果写 1000 部电影的影评，用心写，表达自己的观点和看法，就会成为专业的影评人，可能以后看电影都不用花钱，甚至可以提前看。因为电影制片方会邀请专业的影评人为电影写评论，以用于宣传和发行。当发现自己可以在一个领域里做更多的事情时，你就是专业的。

看完一部电影后，自由地发表对电影的观点、看法，这是每个人都可以做到的。你要做的无非就是多写一些观点，坚持的时间长一点。

不要小看为 1000 部电影写影评这件事情，如果一部电影的播放时长以两小时计算，看完 1000 部电影就需要 2000 小时，写一篇影评所需的时间以一小时计算，1000 篇影评需要 1000 小时。一年的工作时间大约为 2000 小时，也就是说，要完成这件事，需要一年半甚至两年的时间。如果用业余时间做这件事情，可能需要四五年的时间。

一旦把这件事情完成，就相当于在一个领域专注工作了一年半到两年。在一个领域专注工作两年后，就不再是一个新手，比别人对工作的了解会更多一些。

按照这种方法将视觉发挥到极致，养活自己肯定没问题。之后在电影评论这个细分领域，大家都会认识你，制片方在宣传和发行电影时找你进行商业合作，是完全有可能的。

要力所能及地把看到发挥到极致。

力所能及的八件事之八：听到

把听觉发挥到极致，也很有用。

比如，大家在"剑飞"视频号听直播。听的时候，要注意主播给出的信息量，一是听内容，二是听语气。对于一些重点内容，主播会着重强调，要把着重强调的内容听出来。

在和别人聊天时，如果没有听明白对方在说什么，这就是没有把听觉发挥到极致。

把听觉发挥到极致，专注当下，不仅能听明白对方在说什么，还会感觉到对方背后的情绪。

"听"这个动作的第一层含义是听到对方说话，第二层含义是听对方说的内容，第三层含义是听懂对方的意思。对方说出的话，认真听，能听出这句话背后的另一句话，就是在认真听。这时候，听就是一门艺术，厉害的人可以从对方说的一点内容中听出很多有意思的内容。

再举一个把听觉发挥到极致的例子。一个人会打篮球，但他看不见，只能通过别人给他定位来投篮，当他投篮的时候，有人敲击篮筐背后的架子，他听声辨位，投篮得分。

要力所能及地把听到发挥到极致。

在生存基础上求发展

生存线和发展线分别是什么

先提一个问题：你现在是处于生存线，还是发展线？

有时间看书的人，大部分处于生存线以上。学习是一个求发展的过程。

也许有人会说："我处于生存线以上，但是钱不够花。"这是再正常不过的事情了。处于生存线以上但钱不够花，最主要的原因是你在求发展的时候钱不够花。

如何分辨自己处于生存线以上，还是处于生存线以下呢？只要做一件事情，就能清晰地分辨出来，这件事情就是记账，把所有的收入和支出都记下来，分析一下支出就能分辨出来了。

如果已经在记账，就直接选择一年的收入和支出；如果没有记账，可以先算出 3 个月的支出，再乘以 4，预估出一年的支出，作为参考。

看看自己的支出，尤其是意料之外的支出，是不是为了生存而支出的。通常，意料之外的支出都不是为了生存的支出，相当于你突然买了一个东西，虽然你花的钱不多，但刚好能买。或者你做一件事情，虽然资金方面有点吃力，但是钱正好够花。如果不是为了生存而支出，就可以理解为并不处于生存线上，而处于发展线上。

生存线会不断上涨。如果你是单身，生存线就是一个人的，所谓"一人吃饱，全家不饿"；如果你有家人，生存线就要覆盖两个人、3个人或者更多的人；如果开了一家公司，有一个团队，公司的生存线就覆盖了你、团队、公司的各项支出。

生存线是不断变化的。不管是经营家庭还是创业，都要把自己的生存线算出来。生存线的变动通常不会太明显、太快，半年调整一次就差不多了。

一个人想启动自己的发展线，有两个信号：一是当月营收超过之前月营收的3倍；二是如果当月营收没有超过之前月营收的3倍，至少要存够10个月的生存基金。也就是说，万一失败了，在10个月之后，可以再回到最开始的生存线以上，至少不会让自己跌到生存线以下。

发展线，是在生存线之上做一些相对有长期价值的事情，短期内不产生收益，但是从长期来说会创造巨大价值。在发展线上，人们会为未来投资，不看中短期收益，而看中长期的绝对价值。阅读、写作、教育……是在发展线以上做的事情。

做发展线以上的事情，需要我们有长远的眼光、坚定的信念、良好的忍耐力。

什么是在生存基础上求发展

在生存基础上求发展，是指只要过了生存线，就要做求发展的事情，尽力越做越好。

我在辅导学员的过程中，发现很多学员已经过了生存线，但还在做生存线上的事情，发展线一直没有跟上来。

也会看到一些人已经很有钱，但依然在做生存线上的事情，原因可能是其早年经历过贫穷，生存危机感比较强烈。

本质原因是绝大部分人没有长远的思考。

这本书就是引导大家——只要过了生存线，就要做更长远的思考，想办法做求发展的事情。

如果处于生存线以上，就不要再做求生存的事情，因为在生存基础上求生存，并不利于个人的发展，一定要在生存线以上求发展，这样进步的速度会很快。

做求发展的事情并不一定有利于生存，因为发展是呈螺旋式上升的，甚至还有可能存在短期的风险。但是在生存基础上求发展，从长期来看，我们肯定会比现在生活得更好。

每个人的生存线是不一样的，有的人一个月有 1 万元才能活下来，有的人一个月有 500 元就够了。如果一个人赚 1000 元，把 500 元放在投资中，这就是在做发展的事情。

如果想做推动以后发展的事情，现在就是开始探索的时候。

你可以思考一下自己有多少时间用来求生存，有多少时间用来求发展。

有时候感觉自己进步得特别快，有时候感觉自己进步得特别慢，有时候感觉今天学到了很多东西，有时候感觉今天没有学到东西，这种差别不在于时间本身，而在于做的事情到底是在求生存还是在求发展。

求生存，是指把你能做的事情力所能及地做到极致，慢慢地从生存线走到发展线。如果一直处在生存线，就会感觉自己没学到很多东西。如果处在发展线，就会感觉自己学到了很多东西，这是因为在做求发展的事情。发展让一个人从不会到会，收获自然很多。

当处在生存线以上时，可以留出一部分资金，将其作为财务安全区域，这部分资金全部用来求发展。在求全新发展的过程中，可能会失败，但是失败的前提是不影响生存。

可以在发工资或有了一笔收入后，将它分为两部分：一部分作为生存资金，即使遇到困难，半年左右的生活费也是足够的；另一部分作为发展资金，如果目前没有明确的发展目标，看不到未来，也不要急于发展，可以将发展资金存起来，当确定自己要追求一个全新的事业时，可以拿出一部分钱求发展。比如想运营自己的视频号，或者想拍视频，想要拍得好，就需要添置一些基本设备，如果你处在生存线以上，有发展资金，就可以将资金投入到发展线中。

求发展也不是一蹴而就的，在一开始的时候，要想清楚做求发展的事情的节奏，关键不是你做了多少事情，而是明确哪些事情是打基础的，哪些事情是求突破的，有节奏地推进。

如果明白了在生存基础上求发展的道理，那么可以回想一下自己在日常生活中所做的事情，是在求生存，还是在求发展。

保障你的生存线

如果计划做一件针对未来的事情，首先要做的是保障生存，然后推进其他事情。

如果没有达到这个月的生存线，工作没有做好，生意没有进账，基础的生存线没有守住，那么你要做的第一件事情是尽快找到现金流。

比如一个人突然被公司辞退，没有了工作，下个月就没有工资，房租或房贷、车贷、信用卡、商业保险等都需要交钱，他就必须尽快找到一份工作，先有基本收入，再考虑其他的。

如果生存线还没有完全稳住，那么每天投入发展线的时间不能太多，为什么呢？因为投入太多时间去求发展，生存线可能保不住。

还有一种策略是，拼命地把生存线稳住，在之后一段时间内不用担心生存问题。比如，一个人有房贷，计划用 3 年时间还清房贷，在这 3 年里，他没有奢侈消费、不去饭店、没有多余支出，大部分钱都用来还房贷。3 年后，他把房贷还清，以后就不用每个月准备一笔钱来还房贷了，生存线的压力会大大减轻，相比有房贷的时候自由度大大提高。

在相对自由的时候，人可以充分发挥自己的潜能。哪怕事情有点难，因为处在生存线以上，所以会从容不迫。

在"现金流游戏"中，有两个赛道：老鼠赛道和快车赛道。从老鼠赛道跑到快车赛道，就是过了生存线，快车赛道上的各个项目都是求发展的事情，有时间，有资金，就可以去探索。

探索你的发展线

有人寻求建议："有新的工作机会，要不要换工作？"

我回答："人挪活。"

换一份工作，如果收入增长，当然是最好的。也有可能换工作后，收入并没有增长，但这份工作离家近，每天省下两小时的交通时间。这也是另一种隐形的增长，换个角度看，可以用这两小时去求发展，交通时间减少了，每天多出来的时间用来工作，工作会做得更好，还会有更多的时间学习、更多的时间陪伴家人。

还有人问："具备什么条件才适合创业？"我说："具备3个条件中的一个，才可以选择创业。"第一个条件是，离职前或创业前，手上的创业项目已经开始赚钱；第二个条件是，离职前已经有一笔钱，它可以保证未来一年的生活，且项目客户已经预定未来一段时间的产品或服务，有现金流；第三个条件是，存下了未来两三年的生活费，因为创业不一定会成功，特别是对于年纪稍微大一点的人来说，再想回到原来的工作岗位，难度比较大。"

我鼓励大家充分发挥自己的潜能。所有潜能的发挥，不在于你所做的具体事情，而在于把力所能及的事情做到极致。

如果辞职了、创业了、放假了，看似时间比较多，可以做想做的事情，但事实上不是这样的。想想每次的"五一"假期、"十一"假期，看起来有时间做很多事情，但放假前想做的和放假后实际做的完全是两回事。

永远不要想放假后要做什么，辞职了要做什么，或者可以多做什么，要思考：今天我可以做什么？当一个人对自己的要求是每天都把事情做好时，就会养成自律的习惯。在时间多的时候，自然可以要求自己多做一点事情。

有了这种意识，只要闲下来，就会给自己找事情做，甚至发呆的时间都可以多一些，这也是有助于身体健康的。我在《时间记录》一书里专门讲过，休闲娱乐时间一天应有两个小时，这两个小时包含了发呆的时间，一个人如果一直集中注意力、不走神，是很难受的。

如果发呆的时间成为日常生活的一部分，有意识地控制自己发呆的时间，就可以把所有发呆的时间花在思考未来上。换句话说，所有的写作内容、日常思考内容，都可以聚焦在"过了生存线之后，要怎么做"上。有的人对"以后怎么做"并不是很清楚，但这不是重点，重点是你可以在脑海中思考"以后怎么做"。你会有很多种思路，但是你只能按其中一种思路做。

当处在发展线上时，一定要花时间做自己不擅长的事情。什么是发展？就是觉得做某件事情可能会更好。很少有一件事情在积极向上发展的时候，每一步都是清晰的。换句话说，在成长和学习时一定会进入自己不擅长的领域。

如何在生存基础上求发展

如果做求发展的事情，可能三五个小时、三五个月甚至三五年都没有产出，特别是研究某一个领域、某个新事物，或者换一份新工作、做一个新项目时。对于发展线以上的事情，你一定会做不擅长的事情，这需要花时间学习。这时候你不用担心生存，不用担心收入，只需把项目做好。

如果做项目的时候还想着生存问题，可能会不知道收入从哪里来。一个项目可能已经做了 90%，还剩下 10%，做完项目就结项了，就可以结账了。如果处在生存线以下，心里很着急，觉得项目做了这么多还没有收入，转而去做别的项目，原本的项目没做完就结束了，那么会失去原本可以获得的收入。

很多企业做项目，就是把原来别人做了 80%~90% 的项目再往前推进一点点，结果就成功了。原来做项目的团队不知道这种情况吗？当然知道，原来的团队放弃项目很可能是因为团队资金链断裂。

如果大部分人时间足够、金钱足够、资源足够，就可以做很多事情。

怎样才算时间足够呢？如果工作内容是让你探索最新出现的视频号玩法或者直播玩法，就需要你专门拍摄视频。一开始可能不会拍摄视频，但因为这是工作任务，要主动学习，学习后才能在工作中使用。在探索过程中，做原来不会做的事情，你的能力会有明显的提高。工作中，你会经历很多次这样的过程，一开始可能不擅长做某件事情，做的时间久了，就擅长了。原因在于工作时间虽然不自由，但它给了你在工作区域内探索的自由。

一个人在专业领域没有做好，有可能是因为时间不够。就好像一些书一天看不完，没关系，花一年时间看，每天看一个小时，能看完的概率就会大幅度增加。

要在一个领域内变得专业，一定要去看教材。但是看教材是短期内不能变现的事情，刚开始可能还会看得一头雾水，完全不知道书里讲什么。但是任何一个领域，教材是最基本的，在学会很多知识后，会发现原来教材里已经讲过很多知识点了。很多人在多年后才发现的，大学所用的教材是最经典的教材之一。

专业人士也有可能忘记基础技能。有一本书叫《清单革命》，书中提倡不管是专业人士还是非专业人士，做一件事情，一定要有一个清单。有时候一个流程有四五十条，可能你都会，但很难保证在紧急情况下还记得怎么做。如果有一个清单，对照清单快速看一遍，你就知道当下要做什么了。

生活中，我们一定要把事情列出来，现在手上做的事情哪些是求生存的，哪些是求发展的。学习类的事情大都可以归于发展，做有利于长期发展的事情，就是在求发展。

在做求发展的事情时，如果觉得不擅长，又遇到了问题，感觉自己没有足够的时间，就选择不做了，就是把发展线断了。这不是能力不够，而是需要你多花一点时间探索，只有这样才能掌握相关技能，进入全新的发展阶段。

回想一下，在过去做过的多少事情属于这种情况？本来感觉自己已经进入了"发展大道"，但时间不够，事情就不做了，于是突然把自己的发展线断了。可以从过去做过的事情中找出这类事情，并把它们一一列出来。

规划一个时间比例，一个是为了生存要做的事情，把每天睡觉、吃饭、工作的时间留出来，一个是从列表中找出三五件没做完的事情，开始做。

注意，**生存线上需要做的事情一定要包括工作**。即便财富自由了，也要留出工作时间。如果不工作，发展线会掉得很快。原因在于没事干了，生活没有了主线，容易乱花钱或乱投资。

本来你已经实现财富自由，被动收入完全覆盖了你的支出，不用做什么，每个月的被动收入、投资理财收益就能让自己生活得很不错，如果没有工作，就会这个做一下，那个试一下，结果钱可能就花完了。富人很少是因为吃饭把自己吃穷的，绝大部分是因为投资亏损而变穷的。

让自己有一份工作，目的不是领工资，而是让你少花钱，守住财富。在生存基础上求发展，这里的生存不仅包括没有钱之前的生存，还包括有钱之后的生存。即使很有钱，当支出大大超过收入时，也可能会掉到生存线以下。

这样的例子，在新闻里会看到很多，有人突然多了一笔财富，有人工作可以赚到很多钱，他们拥有的财富对普通人来说，可能一辈子都花不完。但他们可以在两三年内花掉自己所有的资金。一旦到了生存线以上，就一定要控制住自己的支出，不要让支出远大于收入。

与一夜暴富相比，慢慢积累财富是一种幸福。工作是会让人幸福的。

在生存基础上求发展的隐含原理是：一个人需要不断工作，这其中既包括你做的具体事情，也包括学习的具体内容。人不能只学习不实践。如果持续不断地学习，就会进入一个非常困扰人的误区——学习到底是为了什么？为什么要不断学习？为什么要不断地看书？这时候，你需要停下来做一些实践性的操作。

有的人一开始是为了求生存而学习技能，当真的学会一项技能时，会发现自己进入了发展线，一是学会了这项技能的基础理论，二是学到了一种具体的学习方法，三是通过学习证明自己是需要学习的。

学习是需要花时间的，如果学习的这段时间是在工作之外，**可能会为你带来新的机会**。比如，老板让你制作一个视频，你从没做过这件事情，要从 0 到 1 做起，要编剧本、拍摄、剪辑，刚开始你会觉得很难。如果平时有一些积累，难度就不会很大，你可以马上开始工作。老板一看，做得不错，以后有机会也会找你。新的机会，来自过去的积累，你不是突然具备了这项能力，而是过去就进行了练习。

每个人在日常生活中，至少可以培养 3~5 项不同的能力或 3~5 种兴趣爱好，也许暂时用不上，但要花时间用心去学习。一旦拥有了 3~5 项能力或兴趣爱好，这辈子既可以很有才华，也可以很幸福，罗素在《幸福之路》一书中也专门讲过。一个人一辈子不可能对一件事情持续产生兴趣，很多时候都是阶段性的。当你对一件事情失去兴趣时，还有另一种兴趣，相当于一辈子可以干三辈子、五辈子能做的事情。

生活中可以同时培养 3~5 项能力，这 3~5 项能力可能与生活无关，甚至可能你不具有。但在未来某一个时间点，或许用得上其中一项能力，这是基于未来的发展。不管想做什么，比如投资、赚钱、摄影、拍视频、阅读、写作，现在不擅长没有关系，这 3~5 项能力必须一直都在培养中。再过四五年或六七年，这些能力中的某一项可能在工作中或者其他地方有了可以展示的机会，让你有了更多的可能性，然后不断向前推进，从而获得更好的发展。

为什么有些人总是那么厉害，总能抓到机会？这些机会真的是他当下抓住的吗？不是，他已经为此进行了长久的准备，只要机会一来，马上就可以开始行动。

在生存基础上求发展：一是划出你的生存线，好好保护生存线；二是做 3~5 种在发展线上的事情，做三五年，你会获得很多机会。

坚定的信念，是事情做成的保证

什么是坚定的信念

坚定的信念，是指不管别人怎么说你，怎么评价你所做的事情，都不会因为他所说的话，而改变自己所做的事情，坚定地相信自己的想法和判断。

即使有坚定的信念但坚守的某件事情也不一定是对的。凡事都有两面性，坚定的信念既指坚定地相信自己所做的事情，又指坚决不去做自己不相信的事情。

第一，树立信念，一定要小心、谨慎。

你心中坚定的信念有哪些？

树立一个信念，要注意它一定不能阻碍我们前行。比如，"我相信学习始终能助人成长""我要终身学习""我相信快乐是可以主动追寻且能够获得的""我觉得幸福是需要经营的"等这样的坚定信念，它不会阻碍你前行，反而有利于你的成长。

坚定的信念不会被轻易改变。你所坚信的，可以积极主动地去追寻。不管在什么年龄段、在什么时候、在顺境或逆境中，坚定的信念都不会被影响，而且有利于你的成长。所以，树立信念的时候一定要小心、谨慎，这是基本原则。

第二，信念要坚定，一定要投入情感和行动。

坚定的信念需要投入情感，并且要用心坚守。

坚定的信念，不但能带来快乐，而且需要你通过行动不断强化。"我相信终身学习是有助于成长的，而且我是一个终身学习的人。"如果这是内心坚定的信念，你要做的就是在生活中感受学习带来的快乐，并享受其中。作为一位终身学习者，如果经常不学习，这就和"终身学习"的坚定信念相差甚远了。

强化信念的关键在于，每天去做一些事情，让信念不断被践行，而且要加入一些快乐的元素，做完之后，你才会觉得很享受、很舒服。比如，每次在看书的时候强化一下信念，"看书真好，这本书教会了我一些知识，这些知识能够在生活中用得上。本来做不到的事情，突然发现自己可以做到了……"

每次看书都是坚定信念的时候。阅读能解决生活中的问题和困境，让生活变得更好，这会让你坚信阅读能带来好处，能让你有所收获，从而强化阅读的信念和行为。

如何建立坚定的信念

请问，你是否对自己正在做的事情有坚定的信念呢？

人在变得更好的过程中，不一定会稳步上升，有可能是呈螺旋式上升，甚至有可能会下降。如果你拥有坚定的信念，即使身处逆境，也相信自己一定会往前走。就像在马路上看到红灯后，我们相信时间到了就会变成绿灯一样。哪怕红灯没有倒计时，没有显示时间是 30 秒、60 秒，还是 90 秒，我们都有一个坚定的信念：红灯一定会变成绿灯，我一定会往前走。

生活中，你是否也抱有这样坚定的信念呢？哪怕在逆境中，你也相信，这无非就是遇上一个红灯，红灯时间有长有短，这一次可能持续的时间长一点，下一次可能更长一点，再下一次可能短一点……你并不知道红灯什么时候会变成绿灯。但是，你相信生活一定会变得更好，这就是坚定的信念。

坚定的信念让我们对未来充满期望，帮助我们改变生活。可能很多年我们会过得很辛苦，即使勤勤恳恳付出，哪怕没有什么变化，也要相信最终一定会变好。

乔·吉拉德在 35 岁时成为一名销售员，在往后的 15 年内他成了世界上最伟大的销售员之一，1963 年至 1978 年他总共销售了 13001 辆雪佛兰汽车。

1963 年，乔·吉拉德负债高达 6 万美元，家中断粮，所以不得不向朋友求得汽车销售员的工作，上班第一天他卖出了第一辆车，只有这样他才能预支薪水，买食物回家。

乔·吉拉德的前半生看起来一直是红灯，命运似乎是在他彻底没有耐心的时候，突然给他开了一个绿灯。这是否意味着他从成为销售员的那一天开始就一帆风顺了呢？不是。他在成为销售员后的头一两年卖的汽车不是特别多，但是他每年的销售量基本是翻倍的。一直到四五年后，他才取得突破性进展，因为销售量的基数变大，所以他的销售量一直在翻倍。

耐克的创始人菲尔·奈特，在 24 岁时开始全球旅行，在 25 岁时开始卖鞋子。创业后他的事业就一帆风顺了吗？没有。他从 25 岁到 30 岁一直在打工，30 岁后才全职创业，42 岁之前他一直处于负债中。也就是说，对于奈特来说，耐克是他奋斗了 18 年才创立的。中间有无数次困难，任何困难都可能让他坚持不下去，一直到 1980 年耐克上市，他的事业才顺畅一些。

在做很多事情时，虽然前方看起来一路荆棘，我们不知道对和错，但每天都要解决当下的问题。做一件事情，也许做了十年还没有什么起色，只要一直坚持下去，十几年后就可能有起色了。

我过去做的和正在做的一些事情——语写、时间统计、阅读、记账、人生规划、直播，在短期内都没有明显收获，但一直做下去，相信收获会很大。而且我充分相信，如果一直做下去，接下来十几年内，它们所带来的收益将是我目前不能想象的。

我做很多事情的逻辑都是，先做，做了再说，做了之后才有结果。我确定做的事情一定会有结果吗？不确定。那是不是不做呢？如果我知道这个路是对的，就不在乎红灯和绿灯。如果我遇到了红灯，就等它变成绿灯再说；如果我遇到了绿灯，就继续往前走，不影响后面的人前行。

何况我坚定地相信，语写能给人带来由内而外的改变，时间统计能让更多的人感受到时间的价值，阅读能让更多的人的生活充实，记账能让人对自己的财富有更好的掌控力，人生规划有利于树立长远的目标，直播能够把已经践行的道理传播出去。

所有已经做了和正在做的事情，都指向于让更多人的时间增值。

树立坚定的信念，把事情做成

基本原则和方法，是做成任何具体事情的保证。

很多人是把事情做完了，但并不是把事情做成了。真正把事情做成的人，是在不同的时间做成了不同的事情。他们是怎么做成的呢？有什么秘诀吗？没有，他们只是遵循了一些基本原则。这些基本原则不以人的意志为转移，只要按照基本原则去做，就能做成。全力以赴地做会比懒懒散散地做，能够取得更大的成果。只有坚定信念，在遇到困难的时候才不会退缩。

如果目前有什么事情没有做成，大概率是因为对它的信念还不够坚定，没有全力以赴，没有投入足够的精力。

做一件事情，一定要拼尽全力去做，拼尽全力、全力以赴很重要，即使结果没有如你所愿，也没有关系，因为你已经拼尽全力去做，当下一次做其他事情时，只要把这种坚定的信念和全力以赴、一定完成的做法迁移过去，你就一定能把事情做成。

就好像过马路时等红灯，相信红灯一定会变成绿灯一样。哪怕红灯坏了，一直没有变成绿灯，也会有人来修好。时代在发展，环境在变化，总有一天会把事情做成。

把事情做成的基本原则是，坚定地相信自己能做成。

所有问题背后一定有解决方案

不说问题，说解决方案

不说问题，说解决方案。做到这 9 个字，可以改变很多人的一生。

有些人做事的时候，经常喜欢找问题。遇到事情会说："我又遇到问题了。"然后说一大堆问题，这无济于事。正确的做法是，**不说问题，说解决方案**。

不说问题，说解决方案。这句话看似非常简单，重复次数多了，你就会发现它很有用。如果你以前考虑问题或者考虑事情，注意力放在"又遇到问题了""这个问题是什么"上，试着多说几次"不说问题，说解决方案"，就会明白，这个世界上问题是一定会有的，不管什么时候，不管有多厉害，不管拥有多么丰富的资源，都会有问题，问题会伴随一生。所以，我们不说问题，说解决方案。

如果把"不说问题，说解决方案"这句话重复很多次，当下一次有人说问题或抱怨生活的时候，你就会立刻警觉——他在说问题。能不能说解决方案呢？理论上是可以的。当我们遇到问题时，如果不能改变别人，就改变自己，多找解决方案。

我们遇到的问题有大有小，说解决方案，一定是力所能及地把解决方案想得足够到位。有一些问题的确暂时没有解决方案，怎么办呢？你不需要具备解决问题的能力，只要朝着思考解决方案的方向努力，一直想解决方案，就一定能找到解决方案。解决方案不一定在自己身上，也可能在别人身上，去求助别人，也是一种解决方案。

大部分人没有专业的医学知识，如果生病了，可能无法医好自己，这就是一个自己解决不了的问题。解决方案就是及时找到专业的医生。如果身体情况不是太严重，就可以自己挂号、预约医生，让医生治疗。如果身体情况比较严重，自己去不了医院，就需要别人帮忙前往医院。

说到具体场景，解决方案会提供清晰的解决思路，因为提出问题的人是最了解情况的人。尤其是在紧急情况下，问题会不会发生？发生了怎么办？甚至可能没有时间说清楚问题，就必须赶紧找解决方案。如果这时还花时间思考问题为什么会发生，事情就会被耽搁，比如急病无法得到及时救治，后果会比较严重。

为什么要讨论关于紧急情况的例子呢？因为这是在模拟我们生活中的一些情况。做一件事情，原本时间是足够的，如果从一开始寻找解决方案，明确具体做什么，然后开始行动，就可以做得很好。如果在遇到紧急情况时思维还是停留在思考问题上，花一半的时间思考问题，不断想着要不要做，能不能做到，这就把本该用来行动的时间，变成一系列前缀问题，行动会变慢，行动时间会缩短，能否做到就要打一个问号了。

可能发生和真的发生是两回事。比如天气预报说明天要下雨，这是可能发生的事情，收到提醒后，我们尽量待在家里，如果一定要出门，就要做好相应的准备。如果等到真的下雨时再做准备，可能就会淋雨了。

对于一定会发生的常见问题，我们要提前做好准备。

找解决方案，找专业人士

不说问题，说解决方案，意味着我们相信自己具备解决问题的能力。也许问题很大，解决不了全部，但是可以解决其中一小部分。真的解决不了，还可以求助专业人士。

我之前遇到一个问题，没有相关的经验，觉得自己解决不了，所以我请教了至少 4 位 10 年前已经遇到过这类问题的专家前辈，他们都给出了相似的答案，即解决方案，我朝着这个方向思考，果然效率比自己摸索高很多。

有了解决方案，在真正执行时思路会慢慢清晰，哪些步骤自己可以解决，哪些步骤需要别人帮忙，都会一一明了。尽管这个过程花费了时间，但是比完全没有思考或不知道怎么办的时候要好很多。在专业人士的帮助下，花费的时间会少一些，因为思考方式发生了变化。问题有大有小，也许有一些问题不知道怎么解决，但是不代表我们没有采用正确的思考方式。

在向专业人士提问题时，顺便说明自己是怎么想的。哪怕解决方案是错的，最起码你积极主动地思考了。比起问题本身和问题所产生的结果，你具备了思考如何解决问题的能力，这一点比什么都重要。因为以后还会遇到其他问题，没钱有没钱的问题，有钱有有钱的问题，上班有上班的问题，不工作有不工作的问题，人生中没有哪一天是没有问题的，多多少少总会有一些问题。要养成习惯，不说问题，说解决方案。

生活不是百分百顺利的，遇到的不顺的事情越少，说明你越幸福。如果被蚊子叮了一下，感觉很痒，在能感觉到痒的那一刻，你是很幸福的，这说明生活中各方面还算比较顺利。如果真的很烦心，有大问题等着处理，你可能根本感觉不到痒。

如果担忧的事情已经严重偏离了正常轨道，甚至必须要找一个人商量，必须请别人帮助你时，这时候才算遇到了大问题。如果大部分问题不影响生活，就都是小问题。

如果能安静地坐着读书，此时此刻你就是幸福的，因为没有大事情发生，还有时间学习，能学到知识，能够吸收可能改变自己思维方式的内容。

先找解决方案，再找原因

不说问题，说解决方案，就不找原因了吗？不是，原因还是要找的，但是要在条件具备的情况下去找。

以医生给病人看病为例，一名病人去急诊科看病，对医生说："很痛，痛得受不了。"此时此刻，医生的责任是什么？他的首要责任是让病人先平静下来，再找原因。

病人在不舒服的时候，很难理性地回答医生的问题，这会影响医生对病情的判断。所以，医生要先解决这个问题，让病人的情况缓解到能够回答问题，或者让病人在理性的情况下向医生说明病情，解决问题。

有时候一些病人的情况比较严重，可能意识不清楚，医生会问一下陪伴病人就医的人，但不可能追根究底地问，医生会利用自己的专业知识，首先要解决目前面临的问题。

医生会不会找原因呢？会。但是必须在具备条件的情况下，比如病人清醒后，医生会问病人问题，会为病人做检查，这时候才有充足的时间找出原因，解决根本问题。

我们在遇到问题时的第一反应是接下来怎么办？模拟一个场景，你站在马路边，有人从你身边经过，突然抢走了你的包。这时候我们一般会有两种思路：一是赶紧追，二是想一下怎么回事。想明白了又有两种情况：追或者不追。

理想的情况当然是赶紧追。稍微迟疑，可能就追不上，拿不回包了。有的人可能反应慢一点，想了想到底要不要追，在这种情况下大概率是追不上的。如果多思考几分钟，距离及时追上的解决方案又慢了一步。

有的人可能还会想：他为什么抢我的包？是不是我不小心？

刚刚人太多，我应该把包放在身前……这些都是后续的假设和分析，等把包拿回来，或者确定包丢了，才应该思考这些。

第一反应是想当下的解决方案，所以要赶紧追。

你愿意为解决方案付出多少成本

紧急情况下的第一反应是考虑解决方案，反映了你在日常生活中的处事方式。日常生活中给我们反应的时间比较多，也许大部分日常琐事不用立刻给出反应，但在日常训练中，我们一定要立刻找解决方案，而不是说问题。

在"为解决方案付出多少成本"中有一个隐含条件：**所有的问题背后一定有解决方案**。无非就是为解决方案付出多少成本，但是所有的问题背后一定有解决方案。

一旦遇到问题，要这样想：好事情，锻炼的机会来了。问题背后一定有解决方案，要全力以赴地寻找解决方案。**要锻炼自己，要进步，要用最好的方式来修炼有限的人生。**

有一些问题，是自己力所能及可以解决的。有一些问题，超出了自己的能力范围，实在不行，可以花钱请专家解决。如果是紧急情况，就需要很多钱，没有那么多钱怎么办呢？要想尽办法凑钱。有时候觉得一些问题解决不了，是因为没有用尽所有的资源去解决这个问题。

如果生活中遇到一些问题没有解决，可能是你不愿意花成本去解决。

有人觉得自己成长慢或者经常感到迷茫，想让自己快速成长。这个问题肯定有解决方案，可以为自己找一位老师，这就是一种解决方案。但是有人会说："我不仅成长慢，还有些迷茫，但又没到愿意花钱找老师的地步。"这是有解决方案的，但是解决方案的成本超出了预期，在考虑范围之外。

如果真的下定决心了，确定不得不做，就会行动，这时候人进步的速度是很快的。因为他相信自己要进步了，进步空间还很大，和成本比起来收获更大。

做事的时候，不需要破釜沉舟，只要全力以赴，在你能达到的范围内把事情做到极致就可以。一件事情一定有解决方案，就看你愿意为这个解决方案付出多大成本了。

很多时候，有的人不愿意付出成本，是因为不够痛。付出的成本低，做事的时候可能就不太认真，即使花了钱也不认真。

比如，病人去医院看病，挂了知名专家号，知名专家号比普通号贵很多，在医生讲述病人的身体情况时，病人认真听的概率就会高很多，因为知名专家的权威性高。如果病人挂了普通号，要是普通医生所说的和知名专家说的大同小异，有些病人可能会觉得普通医生的解决方案不好或者不够好。

知名专家和普通医生相比，最大的差别在于他们给的建议的可信度和可执行性更高。当然，这也取决于病人情况的紧迫性。如果病人的情况非常紧急，病人就会很听普通医生的话。如果病人的情况不是很紧急，可能病人就不太听普通医生的话。比如，医生对病人说病因主要是睡眠不好，平时需要多锻炼，如果病人当时很难受，就会认为这句话很对，回家后也会照做；如果病人当时的状态还不错，病人基本不会把普通医生的这句话放在心上。

重要的是解决问题的思考方式

说解决方案的时候，一定要找到解决方案吗？不一定，在有些情况下，我们找的是解决下一个问题的思路。

当思考方式转变成"不说问题，说解决方案"时，难道真的是为了解决眼前的问题吗？并非局限于此，我们要用这种"不说问题，说解决方案"的思考方式，去解决遇到的所有问题。也就是说，所有问题都有解决方案。

具体到当下问题的解决方案是什么，还重要吗？对一些琐碎的事情来说，就不是很重要了。**重要的是你的思考方式，重要的是解决问题的思路，重要的是你如何思考解决方案。思考方式将影响你的一生。**

我们在饥饿时一般会说："饿了，我很饿。"这是说问题。如果说解决方案，那就是："既然饿了，就找东西吃。家里没有吃的，就出去买，下次记得囤点吃的。"这就是"不说问题，而说解决方案。"

我们在晚上睡不着时一般会说："睡不着，怎么办？"这是说问题。一般的解决方案是坐起来看书，深呼吸放松自己……

朝着解决问题的思路走，以后再遇到同样的问题，就不会问问题，而是找解决方案。在日常生活中，面对所有问题只要你想找解决方案，就一定能找到。

全然相信地做事

什么是全然相信地做事

我们要关注如何把事情做到极致，如何真正把事情做成，不要只是在做事情。做事要付出努力，但是最后都要指向某一个特定结果。目标越明确，事情越容易达成。

如果要保证一件事情 100% 达成，就要在时间推进到一半的时候，完成目标的 90%。接下来，一半的时间除了用来继续完成目标的 10%，还可以用来抓住别的机会。

如果没有做到怎么办？那就好好努力，因为还有一半的时间，是用来让你更加努力的，不到最后一天，坚决不放弃，要全然相信地做一件事情。

"做全然相信的事"和"全然相信地做事"，这两句话的力量不一样。**"全然相信地做事"是一个动作，"做全然相信的事"是一种状态，用动词会更有力量感。**

你在做一件事情的时候，是否会带着热情去做呢？如果你对目标全然相信，从一开始就要带着热情去做。做同一件事情，带着热情做和不带着热情做，虽然动作是一模一样的，但是传递出来的力量是不一样的。带着热情做事所传递的力量可以受到人们的关注。

充满热情地学习和只是在学习，是完全不一样的。有的学生在上课时可能会打瞌睡，但在真正被知识点吸引时，绝对不会瞌睡，反而精神抖擞。尽管下课之后有的学生可能会因为注意力过度集中需要适当休息，但是他们的每个动作都指向于要完成的学习目标，而不是单纯地停留在学习上。

全然相信地做事，每一步都要用尽全力，全力以赴把事情做成。在时间推进到一半的时候，要马上检查是不是完成了 90%，如果我们的目标完成了 90%，接下来就要放松自己吗？不要，要继续做。如果你很快完成了目标，就赶紧制定一个新目标。

如果已经拼尽全力，目标还是没有实现，就要进行复盘。在事情刚开始的时候，就要思考，如果没有完成应该怎么办——做事前复盘。事情结束后，再进行一次复盘——做事后复盘。

如果一开始不确定一件事情可以取得什么样的成果，就暂时不要做。全然相信地做事，意味着对事情的结果是确定的，在事前就看到结果，在一开始就确定事情一定能成。

全然相信地做事有 5 个要求

全然相信地做事有以下 5 个要求。

第一，事前相信，而不是事后相信。事后只能接受事实本身。

第二，事前努力，而不是事后努力。事后努力，有一些事情错过了就错过了。比如，正在恋爱的情侣若结婚了，可能就会生活一辈子；若没有结婚，可能就各奔东西了。

第三，尽量事前复盘，而不是事后复盘。在事前想到所有结果，事后只看结果。事前把目标实现的各种可能在脑海中进行盘点和验证，用全然相信的动作去推进。

第四，事前行动，而不是事后找借口。全然相信，意味着所有的行动都是在事情达成前要一一去执行，而不是在事情达成后给自己找许多借口。有那么多找借口的时间，还不如事前努力多做一点点，不给自己找借口的机会。

第五，事前不设限。刚开始做事的时候，我们不要给自己设置想象中的困难，应该只论事实本身。通常情况下，我们会从两个角度出发：一是"我做这个事情，不知道有没有结果"；二是"不管有没有结果，我都直接去做"。**动作到位，结果自来。**

跑步，跑起来就可以了，至于有没有让身体得到锻炼，或者让某个部位得到锻炼，跑起来总比不跑好很多。

"全然相信"没有成本

有人还没开始行动，就在想自己做的这件事情到底能不能成？不管能不能成，做了之后，大概率都会成。有人会问："怎么保证自己做的事情一定能成呢？"让自己全然相信不需要成本，运转自己的大脑也不需要成本。所做的一些事情，不必告诉别人，只需让自己相信，比如，"我是一个早睡早起的人""我是一个能干大事的人""我是一个能挣大钱的人"，不论结果如何，你都没有很高的成本。

相信自己一年挣1000万元或者一年挣1亿元，这种相信的程度、笃定的程度没有金钱上的成本，只需要认知成本，让自己在认知上达到。

全然相信和偶尔相信，也是不一样的。有一个动作试验：两手侧平举，和肩膀同样高，身体像一个"T"字形，让人试着将自己的手向下压。当很相信自己的时候，别人很难用力把你的双手压下去；当不相信自己的时候，别人轻轻一压就压下去了。

真正全然相信一件事情，在脑海中、动作中会表现出来，力量感会展现在做事情的每一个动作中。

当相信自己一定能把事情做成的时候，就不怕失败，不怕问题。尽管最后可能会遇到一些不可控的因素，没让事情达到100%的完美，但是在刚开始的时候，相信自己一定能把事情做成的，这种相信是没有成本的，这是对自己的信心和笃定。

自信也是一天，不自信也是一天。觉得自己今天很快乐，相信自己可以快乐地过好今天，你就会快乐过好今天；觉得自己会有气无力地过一天，你就会有气无力地过一天。

非常认真地相信一件事情，会更累吗？不一定。相反，因为你已经相信这件事情，对这件事情没有太多的怀疑和犹豫，减少了内耗，就能把事情做成。在面对一些自己明显能做到的事情时，你不相信自己能做到，做的时候就会有一种怀疑，不断地问"到底能不能、可不可以"，事情可能就做不成了。与其花时间问问题，还不如想想到底用什么方法才能把事情做成。当提出一个正确的问题时，脑海中会冒出一堆想法和解决方案，它们会帮助你把事情做成。

全然相信，是在一开始就把结论刻在脑海中：这件事情一定能做成。如果做不成怎么办？做不成的时候，不是在事后懊悔，而应在事前就想：**到底还有什么方法没有想到？还有哪些资源可以用？真的要全力以赴地找解决方案吗？**

全然相信，积极主动，全力以赴

做一件事情，全然相信的程度不一样，积极主动投入的程度就不一样，全力以赴付出的收获也会不一样。人活着就是要提供价值，用生命影响生命。一个人能影响多少人，没有绝对的标准。合适的时候遇到了彼此，就会成为人生旅途上一起同行的朋友。

如果听到一个好的想法，而不去实践，就像遇到喜欢的人之后没有去认识对方一样。有了好的想法，要写在纸上，并且去实践，它就会一辈子跟着你了。如果没有与喜欢的人缔结婚约，彼此就会渐行渐远，毕竟时间不等人。合适的时候，要把该做的事情做完。

人活着就是提供价值，提供真正有用的价值。

全然相信自己能积极主动、全力以赴地创造价值。

积极主动——积极主动地做事、积极主动地休息、积极主动地玩耍、积极主动地挣钱、积极主动地睡觉、积极主动地起床、积极主动地学习、积极主动地工作……积极主动地做任何想做的事情。永远可以拥有积极主动的态度，用上"积极主动"这个词，你会发现生活充满热情。

全力以赴——全力以赴地听课、全力以赴地玩耍、全力以赴地吃饭、全力以赴地早起、全力以赴地早睡、全力以赴地工作、全力以赴地休息、全力以赴地生活……全力以赴地做任何你要做的事情。你永远可以拥有全力以赴的心态，用上"全力以赴"这个词，你会发现行动很有力量。

积极主动地做任何你想做的事，全力以赴地做任何你要做的事。不能停留在想的层面，要停留在真正做的层面，人生只有一次，要积极主动地、全力以赴地度过一生，精神抖擞地生活。

不管是全力以赴还是积极主动，要注意不能过量。就像弹簧一样，可以紧绷，但不能绷得太紧。弹簧被拉伸到一定程度，就会变形，失去回弹力，无法复原，所以一定要适当而不可过量。

"一定全力以赴地完成"是很有力量的信念。做一件事的决心，要看客观上的行动数据，有想法，就把想法写下来，在行动中做出一点成果。而不是说的时候有决心，一到做事时就干不动了。在做一件事的时候，要把目标坚定地设计在某个阈值，保证动作到位，不让做事的动作变形。

　　语言和动作都是有力量的。当你全力以赴去做一件事情的时候，当你对自己说"我会全力以赴地去做"时，别人可能看不到你的动作、听不到你的声音。没有动作和声音就真的没有全力以赴吗？不是，你整个人、你的整个气场在危急情况下能迸发出能量，那种全力以赴是能被感受到的。

　　关键时刻要全力以赴。有时候你不需要花太多时间和精力把一件事情做得特别好，但是一定要做得足够好，也许不能达到非常完美的程度，但一定要达到你的水平线以上。

自由才能创造

什么是自由创造

"自由创造"，是利用自由的时间或资源做一些原来做不到的事情。

什么叫"创造"？原来做事效率不高，觉得生活一地鸡毛，很多事情做得不够好，创造就是你把这些事情做好了，而且取得了很大的成果。

创造，做到生活中从来没有做到过的事情。语写的最大功能之一就是创造，创造能让人成长起来，让人增值，使人变得有价值。人一旦变得有价值，就可以去做挣钱的事情。语写体系在不断地进步、迭代，我的目标是让语写体系充分地挖掘每个人的专业能力。

自由创造，意味着积极主动地创造机会并抓住所有发生的可能。如果一个人精神抖擞，专心专注，做事全力以赴，说明他在积极地生活，更有可能抓住自由创造的机会。

自由创造，意味着定下目标后，将目标拆解。先把目标拆解到最小行动，然后利用自由时间或资源去做，只要去做，就一定能做到。也许会有意外，你也可以将绝大部分解决方案都思考一遍。把自己能准备的准备好了，大概率能创造出好的生活条件。

做事有做得好与做不好的差别。虽然每个人做事的能力有强有弱，但是我们可以对做事的动作不做区分。就像跑步一样，跑得快一点或慢一点，你一直在跑，一直能往前走。真诚没有水平高低，做事的认真程度没有差别。虽然跑得的确没有世界冠军那么快，但你对跑步的态度是认真的。只要认真地跑，就能持续进步，但前提是有跑步的自由时间，这样才能创造更好的跑步成果。

对于专业的力量，有时候我们是一无所知的。比如语写取得的成果，有的学员取得的成果实在太高了，部分不了解的人无法接受。不了解的人在无法接受的时候，第一反应是"这也太难了"，但是语写的数据都有记录，什么时候开始语写，语写了多久，取得了哪些成果，都是有数据记录的，只要打开语写数据，就一目了然。大家都是从普通阶段开始，自由地创造出来的。

世界上很多领域的专业性非常高，很多专业的事情要等你成为专业人士后，才能被你拆解和分析。

自由创造，需要你有自由的时间。比如正在做一份工作，然后发现有一份更好的工作等着你。因为你正在上班，所以不方便应聘那份更好的工作。如果你没有工作，好的机会摆在面前，一般都能抓住，因为你没事做，所以能去试一下。如果抓住了，它就有可能成为你创造的机会。

并不是所有机会来了都要抓住，因为有些机会是短期的，它需要你把长期的事情放下，看起来短期收入提高了，但长期的事情可能很受影响。当然，不是所有机会都一定能成为你创造的机会，你也需要承担一部分的风险。

对于自由创造的理念，希望大家能够将它应用在生活中。如果你发现一件事情很吸引你，并且刚好你又有一部分时间可以用来做这件事情，就可以尝试着去做。当你做这件事情时，就会发现它超出了你的想象。万一做成了，就是一件非常不错的事情，即使没有做成，你也提升了做事的能力。

人的行为是随机的，自由才能创造，实践证明存在。这3句话可以指导人们在生活中做出正确的决策。在生活中做选择，可以从这3个角度进行思考。

不管做什么事情，如果这件事情是全新的，就需要将过去全部打乱，重新进入新的状态。因为自由才能创造。非自由的情况，比如两只手已经拿满了东西，再给你一些东西，就拿不下了。为了拿更多的东西，你的手必须是自由的状态，起码有一定的自由度。否则，你可能要放下其中一些东西，才能拿起新的东西。

生活里也一样，如果你的时间不自由，机会来了，就需要花点时间去抓住，如果无法腾出时间，就只能看着机会走掉。在做人生规划或一件力所能及的事情时，我们要应用"自由才能创造"这一原理。

如果没能自己安排的、闲暇的、自由思考的时间，你的创造力就会下降，会让发展受限，导致你无法创造出使自己增值、增量的部分。

自由创造是积极重视正在发生的事情，也就是昨天、今天或者明天正在发生的事情是什么？有什么机会？你是否重视？是否全力以赴地去做一些一定能做成的事情？这和力所能及地把事情做到极致，是一模一样的。

什么是体力活

做，是体力活，用手用脚去做，才是真的做。脑力工作者也要做大量体力活。如果想法只停留在想的阶段，只是用脑，没有用手和脚做一些事情，就不叫"做"。

体力活的意思是，一定要涉及手和脚，要么是手要么是脚。涉及脚去做的事情，比如跑步，脑中想跑步，这不是体力活，是脑力活，双脚跑起来，才是体力活。所有的理论，最后都必须转化为体力活，体力活表现为手和脚在做什么，而不是表现为脑袋在想什么。

每个人随时都可以去做一些事情。比如看一本书，如果不能看完就把书放在一边，把书中学到的东西应用到生活中。即便看完后，写一篇书评、几句感想或与朋友分享你的收获，也是把学到的东西应用到生活中了。

打造个人品牌是体力活，发朋友圈，涉及手；写文章，涉及手；去见人，涉及腿；去直播，涉及嘴……所有体力活，手脚做到位，很多事情就成了。完全靠脑袋来想，属于沉思默想，并不能将想法转化为体力活。

摇头、点头也是体力活，为什么这么说呢？因为摇头、点头由脑袋控制，有外部动作。做决策的时候，点头表示要做，或者摇头表示不做，也是体力活。做的决策足够多，有助于提升你做决策的能力。

体力活到位，结果自来。所有的原则，必须建立在身体健康的基础上，处理好关系，生活过好，顺便挣钱，这是可以做到的，我们的主要目的是生活。

在合适的阶段，做合适的事

合适的阶段，做合适的事，是指人需要积累，我们不能超越目前的能力范围去做事，我们要在力所能及的范围内把事做到极致。

要在合适的阶段，做合适的事情。比如有的阶段不适合挣钱，比如孩子还小，需要陪伴；有些单身人士，除了工作，还要给自己留出一点时间，需要长时间大周期地平衡好生活。当生活进入相对稳定、平衡的状态时，要努力挣钱，全力以赴、积极主动地挣钱。

创业也是一样，需要积累，有时候故意不挣钱，是为了挣更多的钱，有时候还要做很多琐碎的事情。如果一个生意特别挣钱，你没有把生意及时保护起来，别人一看你挣钱了，就会模仿你，做一模一样的事情，你可能还要花很高的成本来维护自己的生意。很多大公司在把产品研发出来之后，第一件事就是注册专利，再把产品推向市场。如果在合适的阶段没有做合适的事，后面你就会很吃力，需要花很长时间去弥补。

绝大部分领域已经有前人探路，他们已经花了几十年甚至更长时间来总结经验，你只要学习，就可以站在巨人的肩膀上，少做很多需要探索的事情。

不管要做什么事情，多学习肯定是对的。但是光学习，肯定是不对的。学习完之后，还需要去做。

只有多学习，你才能看到更大的世界。只看看这世界，而不留下痕迹，就容易忘记这世界。旅游时，可以多拍照片，你所拍下的每张照片都记录着年轻时的样子。拍了照片，以后可以回顾一下；如果没有拍照片，时间久了，你对这世界的印象就淡了。

稳定，是高手的特质

长期做事，讲求持续稳定

长期做事，讲求持续稳定。稳定是指不管情况好坏，都能把事情做成的能力。一个人在做事情的时候，不会因为外界环境而受到巨大的波动。

一个人做成一件大事，不是用几个月就能把事情做成的，有可能他在过去3年甚至10年里，都在为这件事情做准备。

短期取得短期的成果，长期取得长期的成果。看一个人取得的成果，一定要看他过去一段时间内取得的成果是什么。也许10年后再看，今天所取得的成果仅仅只是起点。

要找到一件穿越周期的事情。一旦找到一件穿越周期的事情，就可以长期全力以赴地去做，不需要担心周期。在长时间的周期中，我们无法控制意料之外的事情，要尽量把意料之外的种种可能都考虑到。尽管有一些情况，比如"万一"是人所不能控制的，但我们一定要尽量控制让事情有"一万种"可能发生的情况，从而创造稳定状态。

高手的特质是稳定。专业人士在自己状态不好的时候，还能保持合格水平以上的能力，就是稳定。怎样才能把事情做好呢？答案是稳定。还需要给稳定加一个期限，是稳定一年还是稳定 10 年，这是完全不一样的。

你把一件事情做完，持续做成，一定具备了其他人不具备的能力，比如意志力、信心、明确的目标、执行力、计划、确定性等。

确定性是指专业能力的确定性。什么是确定性？比如开车，车开出去后安全回来，从来没有磕磕碰碰，不管面对多么复杂的路况都不会发生碰撞，这说明有驾驶经验。只有驾驶技术娴熟，开车才会比较稳，确定性也高。如果每次开车出去，这里碰一下，那里碰一下，就说明司机不够专业，表现不稳定，他无法确定回来时车会是什么样子。专业能力、确定性等都是让一个人持续进步的因素。

我们讲究可持续发展，就要保持持续的稳定。

高手的特征，是持续的稳定。"持续"两个字代表长期，持续的稳定是指不停地实现一个又一个有难度的目标，而且是在力所能及的范围内。

我们必须按照现有的条件、资源，力所能及地把事情做到极致。如果想做的事情超出你现在的能力范围，就先求生存再求发展。如果正在做的事情对能力的要求超过现有的能力范围，你就要全力以赴地用"有限"发展"无限"，用现有的智慧和条件锻炼出新的能力，把事做成。

稳定的状态

稳定的状态包含多个维度。

一是主体稳定。稳定意味着我们在固定的时间、固定的地点做同一件事情，这时候行动的主体，也就是"我"必须到位。不管遇到什么样的状况，"我"都能到位，才是稳定。

二是精神稳定。人的精神状态总是有起伏波动的，能始终如一地保持一种推动自己的精神去做事，哪怕精神状态不好，也能把事情做得很好，这是精神稳定。

三是专业稳定。以看病为例，你去看病，一定希望医生的专业能力是非常稳定的，希望他始终如一地保持专业水准。

四是赚钱稳定。大家都希望自己找到一份稳定的工作，原因在于它能一直提供一份稳定的收入。做一份工作，并不是说每个月有且只有稳定的收入，最好是每个月的最低收入不低于某个值，这是最差的情况，除此之外，我们还可以通过努力多赚一点钱。

五是学习稳定。你有没有在某个领域持续稳定地学习呢？不管有没有效果，都在学习。在一生当中，如果你能持续稳定地做到为数不多的几件事，就可以有很大的收获，学习就是其中之一。学习的稳定非常重要，比赚钱稳定还重要。赚钱稳定是稳定的最低值，大部分人参加工作之后，月收入可以逐渐稳定在某个特定的数值。学习的稳定对很多成年人来说难度比较大，只有保持学习的稳定，我们才有更多的机会创造价值。

六是气候稳定。全球变暖，气候不太稳定，给我们的生活带来了一些影响。每天看天气预报，天气都在正常范围内，偶尔需要做准备，但没有预警提醒。如果遇上极端天气，收到预警消息，就说明天气不稳定。天气变化有时候和人的脾气一样，大自然的规律和人的成长规律也有一致性。气候不稳定，就会出现特别冷或特别热的情况，就像一个人的心情有波动一样。当然，相对来说大家更喜欢比较稳定的气候。

七是关系稳定。有稳定的家庭关系、稳定的人际关系，生活的满意度会比较高。如果关系出现问题，我们就要花时间来解决问题，有时候可能要花费很大的精力。在日常生活中，我们要花时间好好维系关系，珍惜陪伴家人的时间。

八是身体稳定。所有做事情的逻辑，以身体健康为前提，不能为了追赶时间而熬夜。牺牲健康，追赶时间，是不可行的，因为这么做会使自己的身体状况不稳定。

当我们状态稳定的时候，除了主体稳定、精神稳定、专业稳定、赚钱稳定、学习稳定、气候稳定、关系稳定、身体稳定，还可以有生活稳定、情绪稳定等。

你可以通过稳定的状态做有挑战的事情。如果状态不稳定，就创造稳定的条件。

专业，做好量的积累

稳定，是将小进步积累成大进步。

假设你是一位专业人士，你需要不断地训练自己的专业技能。

比如很多人都知道贝克汉姆在 7 岁时就能把任意球踢入球门，却很少有人知道，他每次训练完之后都要加练 50 次任意球。他会在特定的时间、特定的场景，训练特定的动作，他训练的量是大多数人无法想象的。所以，贝氏弧线、神奇的任意球和精准的长传都是辛勤训练的结果。

再如，乒乓球训练是将一个个技术动作拆开、揉碎，大量重复练习。看乒乓球国家队的训练视频和介绍，你会发现他们发球的数量、接球的数量都远远超过我们的想象。在专业面前，量是永远逃不过去的。

再如，一年语写 1000 万字，不是每个人都可以做到的，如果有人能做到，一定是通过自己的努力，克服了很多困难，花了足够多的时间，才达成的。在这个过程中，人的很多底层能力得到了训练，底层的事情已经完成，但是不一定会被看见，需要一段时间后才会被看见。

假如用一年时间完成语写 1000 万字，想挣 1000 万元，那么到底需要每天挣多少钱呢？打开语写的数据，将字数转换成钱数，你心里就有底了。这是数据思维的训练。一个人厉害或者不厉害，通常不是看他的可能性，而是看数据。当一家公司向投资人说自己很赚钱、发展潜力很大时，投资人是相信还是不相信？投资人一般会说："请你把数据拿出来，我们一个一个看一下。"

看语写学员的数据，通常会看语写字数是稳定达到还是波动达到。我们一般喜欢与状态稳定的人打交道，他们说干就干，不仅干成了，还告诉大家自己是怎么稳定地干成的。与这样的伙伴合作，可以一起走得很远。

真正的长期要做的事情，就是稳定，稳定造就专业。

有时候优秀运动员的练习就是做同一个动作，不懂的人看了会想：就这一个动作，每天这么练习真的有用吗？但专业的人从来不会这样怀疑，因为真的有用。专业的力量，对专业之外的人或业余的人来说是完全感受不到，甚至一无所知的。比如打羽毛球，高手需要不断地练习接球动作，因为对面可能是教练，可能是陪练，也可能是发球机器，需要不断地发球，不断地接球。不懂的人会说："你又没有和人打球，每天练这些固定动作，是不是真有用？"但这才是专业的力量。

专业，需要把每个细节练得很好，需要量的积累。

每天语写 1 万字、3 万字，甚至挑战一天语写 10 万字，有用吗？真的有用，特别有用。如果不了解语写，没有练习过语写，不是语写领域的专业人士，就感受不到量的积累的重要性。这就像问"每天努力工作挣那么多钱有什么用吗"一样，当然有用，我们可以通过实践来证明。

真正的高手，或者大师，他的行为是可预测的。就像武侠小说里的高手一样，比如古龙小说里的西门吹雪，出手就没输过，不管他与谁对战，都确定他会赢。

面对真正的高手，某些事情是可预测的，只要他想做某件事，或者去做某件事，就一定能做到。对某些事情的预测是基于一个人过去的数据，而不是为了数据。我们很少说一个孩子有大师级水平，只会说孩子的行为达到稳定。如果一个人的水平非常高，就意味着他已经花了足够多的时间，换句话说，他的行为重复的次数足够多，他所积累的数据已经非常多。

日常行为是可预测的吗？比如明天早上 6 点起床，第二天早上 6 点就能起来吗？今天开始看这本书，3 天看完，3 天后确实能看完这本书吗？这些都可以根据过去已经发生的行为进行预测。如果记录了自己的行为数据，比如时间记录、阅读记录等，马上就能预测出自己是否可以做到，至少可以预测出做到的概率。

价值投资者的投资也是可预测的。价值投资者进行投资之前，100% 确定自己能赚回来，他在投资的那一瞬间就已经赚了，而不是投资了之后才确定会不会赚回来。

如果你在日常生活当中做 100% 确定能赚回来的事情，或者每次在做一件事情之前就已经看到了它的确定性结果，你就会无往不胜，每次做事情都能成功。可以将这个作为对自己的要求。

相当于即将参加一场考试，在进入考场之前，就知道自己一定不会考得太差，做了充足的准备，对自己有绝对的自信，在考试之前就知道自己处于什么水平或阶段。

高手的特征是稳定，运用到语写中，就是在语写之前，你确定接下来一小时能语写完成一万字。也许还不知道自己要写什么，只是有一个大概的主题或方向。

语写最大的功能之一是创造，创造是从无到有的。在写的过程中你不但会遇到惊喜，而且从一开始你就确定惊喜的存在。写的时候，你会从中得到一些有价值的内容。你的行为，你的收获，在某种程度上都是可预测的。

第二章

行动突破：撬动增值杠杆

- 运用自己的脑袋
- 把注意力放在要做的事情上
- 定下目标，想象达成的种种过程
- 如何做出选择
- 行动引发行动
- 行百里者半九十
- 打破限制
- 做一个有成果的人
- 随时复盘
- 找一群长期的同行者

运用自己的脑袋

用好最大的免费资源

运用自己的脑袋不用花钱，运用自己的智慧不用花钱。一个人的智慧，是最大的免费资源。

虽然运用时间不用花钱，但是时间代表着金钱，如果时间没有被合理地利用，没有用在合适的地方，就不值钱。我们要把时间用在合适的地方，让时间变得值钱，让时间增值。

脑力劳动者，可以分为真正的脑力劳动者和真正的体力劳动者。大部分人都不是百分之百的脑力劳动者。虽然做事要动脑，但是动脑时间只占全部时间的 20%，体力劳动时间占 80%。真正的脑力劳动者只动脑，不用做事，一旦想清楚怎么做，就安排其他人去做，比如管理者或专业的研发人员，只要动脑就可以了，不用干体力活。

大部分脑力劳动者在做一件事情的时候，知道怎么做，知道去哪里找资料，也知道接下来要做的事情就是把资料找到，或者把资料整理好，再对所有资料进行汇总。在找资料的过程中确实动脑了，但只有刚开始 20% 的时间用来想清楚怎么做，剩下 80%

的时间用来做这件事情，主要都是体力活。

做体力活也要运用自己的智慧。如果找一份资料需要 1 分钟，每天要找 10~20 次，一年 210 个工作日，按每天最少找 10 次来算，一年就需要 2100 分钟。有没有办法把找资料的时间从一次 1 分钟变成一次 1 秒钟呢？办法是有的。找对办法后，原来一天花 10 分钟找资料，现在一天只需要 10 秒，算上打开软件的时间，一共需要 30 秒，那么每天可以节省 9.5 分钟，一年可以节省 1995 分钟，也就是 33.25 小时。如果从 10 年的维度来看，就是 330 多个小时，差距是不是出来了？那在节省出来的 9.5 分钟内就不做任何事情了吗？肯定是要做的，还可以做很多事情。

我们平时就要养成习惯，想想哪些事情可以提升效率，尤其是找资料这类重复性事情。如果在一开始接触这些事情时，没有提高效率的好办法，就认真做体力活。在做的过程中，思考如何运用自己的智慧改进其中的环节，让效率得到提高。

一旦有了认真思考这种意识，就一定可以找到合适的解决方案。一天不一定能找到，两三天也不一定能找到，但是持续思考的人，花足够多的时间，总能找到。

当你想找解决方案时，就一定会有解决方案；当你提出正确的问题时，就一定会有正确的答案出现；当你认为人生需要改变时，就一定可以改变；当你对生活不满意时，就一定会有满意的生活等着你。最怕我们不思考，最怕思考之后不去做。

运用你的智慧

大家可以把注意力放在自己的免费资源——脑袋和智慧上。自己的脑袋用得多，用得少，都不会花钱。

但是，用别人的脑袋是要收钱的。你问专家一个问题，专家在经过大量思考后给出方案，收钱是很合理的。找律师、医生或者其他专业人士，都是如此。

运用自己的智慧不用花钱，运用自己的脑袋不用花钱。

如果你是一位专业人士，客户找你的主要原因就是你会动脑，尽管动脑只占20%的时间，但是有80%的时间可以用来干体力活。

动脑就是思考，一件事情来了，就要动脑，想清楚怎么做，然后去做。想清楚就去做，尽管很多人知道动脑是对的，但是都不会这样做。运用自己的智慧，对大部分人来说需要刻意练习。

如果既会动脑又会动手，想法就会很值钱。客户买的是你脑袋中的想法，或者你想怎么做，绝对不是只要你人在这里，专门思考问题，就会给你钱。我们的生活不是只有工作，我们也需要休息时间，需要让自己的大脑得到恢复。

把免费的智慧运用到生活中，是可以变成客观存在的实体和实际消费物质的。阿西莫夫不喜欢坐飞机，于是很多邮轮公司邀请他随船旅行，而且都是免费的。但他们要阿西莫夫做一件事，就是演讲。换句话说，通过演讲，他可以获得免费乘坐邮轮的机会。更关键的是，有人问："免费坐邮轮，那演讲是不是要做准备？"

阿西莫夫演讲从来不做准备，站到台上就可以开始演讲，因为他在日常生活中有大量的积累。

所以，我们要学会运用自己的智慧。

做足体力活

但凡一个人在某一方面做得比较专业，绝对不是因为他比谁聪明，而是因为他干的体力活比别人多一些。比如用鼠标来回复制、粘贴内容，干一整天，都不会让人觉得累。只要你知道为什么要复制、粘贴，且确定这么做的效率高，就可以做下去。通常情况下，干着干着体力活，就会有新的想法产生，从而找到新的解决方案。

同一件事情，可以有不同的解决方案。只有对不同的解决方案进行评估，才能找出更好的解决方案。比如做一个任务，复制、粘贴是比较简单的方式，只需要一天时间；也可以写代码并运行，但写代码需要 3 天时间。看这个任务是不是一次性任务，如果是一次性任务，就直接复制、粘贴，当天做成功，而不是 3 天之后才写出代码，而且还不一定一次成功，可能会遇到一些困难。

如果这个任务是重复性任务，以后还要做，其发生频次很高，那就要找到系统性解决方案。因为它不是一次性的，如果发生100 次，就要做 100 天，而写代码只需要 3 天，下次发生时可以直接运行代码，这样可以省下 97 天。

在刚开始做一件事的时候，就要评估目标实现的种种过程和可能性方案。学会运用自己的脑袋，把事情做成。每个人的时间都很值钱，要好好运用自己的时间。

如果真的拼尽了全力，还没有时间做完重要的事，就要不断地复盘。很多时候，不在于这件事要不要做，而是怎么做，一旦涉及怎么做，就要列出具体的行动清单。

主动学习和被动学习

很多人在学习的时候只使用一种方式，但在我看来，在所有知识结构里面，必须设计被动学习和主动学习。

人不能只停留在主动学习上，也不能只停留在被动学习上。一开始从态度、系统、目的这些方面来看，主动学习是"我要怎么做""我想怎么学就怎么学"，有点符合"自由才能创造"的理念；被动学习是"你逼我做""我被要求一定要做"。后来我将这两种方式稍微转换了一下，发现事实可能不是这样的，主动学习和被动学习是一体的、相辅相成的，我们在学习中要运用好这两种方式。

被动学习的优点是它的系统化，不足是抓不住重点。被动学习是一种非常好的系统化学习方式。**被动学习是指对一个完全陌生的领域，不加入自己的主观意愿，将完全陌生的领域学习好**。在一个领域里，知识点本身是客观的，不会因为主观意愿而发生改变。

如果你学习一个新的领域，对新领域的知识点一知半解，就会加入主观意愿，很容易产生片面的看法，喜欢的非常喜欢，不喜欢的非常不喜欢。想系统地了解一个领域，必须用好被动学习的方式，放弃过去固有的执念，不管好与不好、对与不对，不做任何评判，先全部掌握。

在被动学习的过程中，不需要加入自己的任何主观意愿，只需要跟着教材走，跟着领域内厉害的人走。语写的学习方式就是被动学习的方式。在你成为专业人士之前，要按照被动的方式去学习，如果你不知道某个领域的所有内容，就按照书里面所提供的，讲到什么就学什么，看书里面怎么讲解，把知识点理解透。在理解的过程中不要带任何主观思路，只需要认知、感受即可。在这种情况下，你能快速且系统地了解一个领域的知识全貌。

但是有时候了解一个领域的全貌会抓不到重点。假设你已经看完了市场营销、投资、金融、数学等领域的教材，这时候需要发挥主观能动性，主动学习，才能掌握重点内容。

主动学习的优点是兴趣。被动学习的系统化，是为了让你系统地了解整个领域，有些内容在教材里可能只是被提到，教材并没有对其进行重点说明或全面讲解，如果你对内容感兴趣，就应该主动学习，激发兴趣。这样才可以全面深入了解知识点的背景和所有内容。

比如学习管理学，在知道创新的 7 个来源后，通过主动学习的方式把 7 个创新来源列出来，再去读《创新与企业家精神》，把知识体系深入细化。在知道"创新的 7 个来源"之前，可能你并不知道有专门讲创新的 7 个机遇和来源的书，也不知道书里面有关于企业家精神的内容，我是通过被动的方式系统地学习到的，跟随知识点寻找书籍。

从系统的角度来说，被动学习的好处是让人系统地掌握一个领域的知识，在切入新领域的时候不要加入自己的主观意愿，跟着领域内权威的教材或老师了解整个体系，不说自己喜欢或者不喜欢，避免在加入主观意愿后，只关注喜欢的知识，而把更重要的知识遗忘了。

只有在全部掌握一个领域的知识框架后，才能补充里面的血肉，加入主动学习的意愿，根据兴趣全面深入地了解知识点。

从态度的角度来说，主动学习是一种激发，不需要别人催，你也会去学习；被动学习更多的是一种引导，教材或老师引导你去学习。主动学习是你非常喜欢某些知识，主动去了解、钻研，遇到问题解决问题；被动学习是让你更全面地发现问题，也就是说，本来没有问题，但通过被动学习你知道在某个知识结构和体系里还有一些没有掌握的知识点，从而快速了解一个领域的全貌。

关于是采用主动学习的方式还是采用被动学习的方式，取决于你要学习的内容是已经知道的还是不知道的。如果已经了解一个领域的知识框架，你就是一个专业人士了，专业人士应该主动学习，因为对于内容的各个方面都很熟悉了，已经能够主动地判断相关知识点，也知道自己的优势和不足，通过主动学习发挥自己的优势，弥补自己的不足。

对于新手来说，应该被动学习。换句话说，听话照做，教材或老师说什么就做什么，先体验实践，在全面掌握知识点之后，再发挥主动学习的优势。

主动学习和被动学习是相辅相成的。

把注意力放在要做的事情上

要做、能做、想做

把注意力放在要做的事情上。

把注意力放在能做的事情上。

把注意力放在想做的事情上。

虽然这 3 句话只有一个字的差别，却是 3 种完全不同的状态。

相反的行为是：

把注意力放在不要做的事情上。

把注意力放在不能做的事情上。

把注意力放在不想做的事情上。

将这 6 句话放在一起，就能明白哪一半是对的，哪一半是不对的。有时候不知道什么是对的，什么是不对的，就可以把它的反面摆出来。不过，有时候对和错没有绝对的标准。

比如，懒惰不是什么都不做，有时候可以把懒惰理解为用错误的方法勤奋地做。中文博大精深，我们可以通过不同的方式和角度去诠释，学习对文字的理解和观点，会给我们带来很大的启发。

在这 6 句话中，最重要的是注意力本身，注意力在哪里，就能把哪里的事情做成，就能在哪里产生成果。

把注意力放在要做的事情上。"要"更多的意思是需要、必要、必须、不得不，或者是这些词语的同义词。把注意力放在自己要做的事情上，列出大概要做的事情。

把注意力放在能做的事情上。"能"是你能做，力所能及，可以去做，不用等待条件成熟。比如你读了一本书，你能做的事情是马上写笔记、复盘，尽管你可能会花 5 天或 10 天时间复盘，但是当下能复盘，就不管它是否深入，当下先做完。在接下来的 5 天或 10 天中，同样可以继续优化、迭代。

把注意力放在想做的事情上。什么情况下想做？一般是未来、以后、即将，更多的是一种尚未发生的状态，或者还不具备某些要素或条件，要等某些要素和条件成熟之后，想做的才能去做，最终变成现实。

在想做的事情上花多少时间呢？在日常生活中，把想做的事情放在注意力不是那么集中的时候去想，比如在快要睡觉之前、早上起床之后。可以想想"我想成为什么样的人""我想做什么事情"，也可以构思尚未形成的计划或正在形成的规划。

"想要"可以分为"非常想要"和"一般想要"。"非常想要"，是将一件事情变成要做的事情或者能做的事情。我们把一件想要做的事情拆解成要做的事情，然后做成能做的事情，才算真正在做。

从想做到要做，再到能做

想买一套房子，这是想做的事情。能做的事情是什么呢？安排时间，在网上查楼盘资料，出门找人问市场行情。

想赚 1000 万元或想赚 1 亿元，也是想做的事情。能做的就是多找客户。

要做的事情是什么呢？买房或赚钱，要做的事情肯定不止一件。计划越大，通常要做的事情越多，而且可能不会一下子想清楚要做些什么。这时候，应该列个清单，比如买房先在卖房平台上看，房价大概是多少，市场行情怎么样，选定区域，再联系中介看房等。

再如，想赚 1000 万元或 1 亿元，数额越大，事情就越多，清单就越长。

有时候，要做的和想做的可能会出现不一致的情况。不管你想赚多少钱，要做的都是踏踏实实地列出一个清单，把清单上能做的事情先做了。有些事情还不具备条件，或者没有达到标准，就需要等待、积累。最终把要做的事情变成能做的事情。

具体怎么做呢？首先，可以设定一个比较大的目标或条件，比如一年挣 1000 万元或一年挣 1 亿元。然后，思考每天能做什么，每天要做什么。每天都要认真地活着，每天都要踏踏实实地工作。

越大的目标，越需要为社会创造价值，为他人提供价值，帮助他人实现目标。

接下来能做的事情肯定还有很多，把待办事项列出来，看自己可以做哪些事情。比如，通过查资料了解别人是怎么赚到 1 亿元的，在拥有与别人一样的条件和要素的情况下你能做什么，自己的努力程度如何，时间成本是多少，如何安排自己的时间结构，等等。

在达到 1 亿元的目标时，不是一个人在做事，你做的决策不只是自身决策。身边还会有很多人，比如员工、客户、家人等都影响着你的决策。如果这时候想休息或想停下来，可能并非你想停下就能停下。

比如，人开车的时候是不能打瞌睡的，因为你的车正在行驶中，打瞌睡会造成严重的后果。如果想停下来休息，就要找到合适的地点，在高速上就要到服务区。作为一个决策者，必须在合适的时间点做出合适的安排，才能休息，否则，就和在高速上开车打瞌睡的司机一样非常危险。

时间是有成本的，年收入过亿的时间成本平均算下来，大约是每小时 5 万元（计算公式为 1 亿 ÷264÷8），每分钟都很值钱。但这并不代表你所有的时间都要用来工作，创造最大的价值。

不管收入是 1 亿元还是 10 亿元，当收入达到一定阶段时，工作只是生活的一部分。也许你的工作时间比大部分人的更长，但是不可能所有的时间都用来工作。不管收入是多少，都要尽量达到生活平衡，在工作、生活、休息、陪伴家人、休闲娱乐、学习等方面，做到相对比较平衡。

收入过亿后，很多决策要进行慎重思考。所创造的财富价值比拥有的财富价值更大。

要想有 1 亿元的收入，创造的价值要超过 1 亿元。如果创造的价值小于你所得到的，就一定无法长期获得这种价值。如果创造的价值更大，比如贡献比例是 1:10，从时间价值来看，1 小时实际创造的价值就是 50 万元。

更进一步，1 小时的营收或者 1 小时所创造的实际价值、金钱价值，转化为生意上的价值，应不低于 50 万元。把时间进行转化后，对时间价值会更加敏感。实现时间增值，要对自己的时间价值有所了解，把每个数算清楚。

算好时间价值，是为了更好地把注意力放在积极主动地创造价值上。

积极主动地做能做的事情

很多事情没有难度，只要去做，结果就能自然而然地发生。如果一件事情有难度，难到一定程度，一定不会自然而然地发生，它需要主动追逐。凡是有难度的事情，都是需要努力追求的。如果你对一些事情不抱期待，反而能获得一些好结果。如果期待很高，需要非常努力才能获得想要的结果。

好事情是需要追逐的，找对象也是，要么你追她，要么她追你。

我们在追求美好，也在等待美好。

任何时候都要"积极主动"，"积极主动"在任何时候都适用。今天就开始思考：想要做成什么？什么时候达成目标？是不是全力以赴地把这件事做到了？是不是从现在开始用这种标准去衡量？是不是足够认真地把自己的热情投入所做的事业上？是不是对生活足够认真？

一旦想取得某个特定的成果，或达到极限，都需要主动追求。

在一些百富榜上，假设上榜的人有 20 亿元的身价，赚 20 亿元需要的时间是 100 年，算下来平均一年要赚 2000 万元。一般人不会有 100 年的时间赚钱，人能够工作的时间大约是 60 年，一年需要赚 3000 多万元，每天的时间价值就得 10 万元起步。能获得这么多的收入，所创造的价值一定更大。

在这 60 年的时间周期中，每天以增长 10 万元为目标，还会悠哉悠哉地做事吗？当然是要拼尽全力去做有价值的事情。

当积极主动地、全力以赴地做事时，你会达到前所未有的高度。怎样才是积极主动？积极主动是没人让你去做的时候，你就已经去做了。

把注意力放在要做的、想做的和能做的事情上。想做的事情更多的是面向未来的规划和计划，不想做的就不要做。只把注意力放在一个地方，既然想做这件事，就不能去做另外一件事。

你的想法，在一个时间点只能想一个。当你在想积极的美好的事情时，消极的不美好的事情，可能会离你远一些。将此时此刻的注意力放在要做的事情上时，那些你不能做的事情，就不会占用注意力。

如果实在不知道自己能做什么，就列一个清单，列出要做的事情，从中挑选出能做的事情。

定下目标，想象达成的种种过程

明确你的目标

有明确目标的人，会得到身边人的帮助。我在做一些活动的时候，会将目标说出来，说出来后，大家会帮我实现目标。好的目标使定下目标的人获得成长发展，能帮助更多的人，很多人可能因此而改变。

要做一件事的时候，一定要设定明确的截止时间。很多人定目标没有明确截止时间，或者不知道如何定下截止时间。

比如结婚，一些单身的人不知道自己什么时候结婚。换个思路，推演一下就知道了。请问 60 岁时是不是已经结婚了呢？有人可能回答结了。那 50 岁时是不是已经结婚了呢？ 40 岁时呢？假设现在 30 岁，就已经确定在 10 年内结婚，还可以继续倒推，如果最后确定在 3 年内结婚，还可以拆分任务，确定在 1 个月、3 个月、6 个月、1 年……这些时间段内分别做什么事情，这样才会有结果，才会走到婚姻这个阶段。答案是不是逐渐清晰了呢？这就是通过倒推缩小边界的方法，让模糊的答案清晰化。

要做一件事，还要确定时间成本。做一件事需要花多长时间，是明天开始做，还是下个月的某天开始做，或是 10 年后的某天开始做？有时候时间不确定，你可能不知道怎么做。就好像梦里遇到财神发元宝一样，你跟财神说："给我 3 万两金元宝。"财神一下子蒙了，发金元宝倒不是大问题，关键是现在给你还是 50 年后给你呢？你没有给出明确的时间，财神就不知道怎么做，他会回应给出明确指令的人。

足够清晰的目标才会被实现。

比如买房，在大城市买房和在小城市买房，差别很大。在买房的时候，面积、大小、朝向、地段、首付、贷款方式，这些都要一一考虑进去，才算是清晰的目标。

什么时候买房的目标会非常清晰呢？在真正掏钱的时候。因为那时候你才真正确定要买一套房。真正去实地看的时候，画面才会逐渐清晰。

很多事，真正做的时候才会发现一系列问题。有些事情可以不做，但是做的时候要清晰边界条件，才能确定明确的目标。

"要不要做"和"如何做"

定下的目标通常是可以提前完成的。如果目标没有达成，不要在结束后思考失败的原因，而是在一开始就要考虑到可能会失败的原因。

要将目标拆解成一个个细节，在日常生活中可以践行的数据或者动作。什么叫动作？早上起床后去跑步，腿迈出去，这是动作。起床后想跑步，这是意愿。如果想取得真正的成果，意愿不会起到多大的作用，动作能帮你取得真正的成果。

意愿是你还没有做之前或打算做之前，想让自己做某件事。当真正做某件事的时候，需要把行动和实际动作分开。换句话说，你只需要去做，而非等着说"我可能会去做"。

凡是可能会去做，就等于还没有去做。就好比人家问你："你吃饭了吗？"你说正在吃，说明你正在做；你说打算吃，说明你还没有吃饭。动作和意愿完全是两回事。

任何一件事情发展到执行的阶段，要问自己："我做这件事情的动作是什么？"而不是问自己："我做这件事情的意愿是什么？"凡是还在问"要不要做""即将做"的，这都是意愿。但是问"怎么做""如何做"的时候，就是在问动作了。因为你已经开始执行了，只剩下具体去做的动作。

比如想打开网页查资料，这叫"如何做"。而打开了搜索引擎，或者打开一个垂直网站的主页，这是具体怎么做。"如何做"是打开网页后搜索出 100 个答案，再从中挑选出 20 个你需要深入了解的去做。

当你问自己"怎么做""如何做""具体的步骤是什么"时，说明这件事情已经到了可以做的程度，就要去做。当你问自己"要不要做""做到什么程度"时，说明还处在意愿阶段，这是没有力量的。当你开始做一件事情的时候，再去想这些是没有力量的。

当你具体去做时，才会具有力量感。

定下目标，推演过程

定下目标，想象目标达成的种种过程。比如，一般工作都有一些目标，目标有大有小，在执行目标的过程中，会有各种可能性。在目标达成前或事情发生前，你要想象各种可能性到底是什么，怎么发生的，发生了怎么办，把所有可能性列出来。

理想的状态是，列出可能后去做，然后发现达成目标过程中所有发生的事情，将其全部提前列出来，最后给出解决方案。这说明我们在所做事情的领域，已经变得相当专业了。

在这种情况下，也要复盘，因为目标达成后需要事后复盘：这件事居然做成了，到底是因为自己比较厉害，还是因为目标太低？如果每次都把自己逼到极限，就会不断地想做事方式，最后形成一整套方法论。

"努力冲一下"的方式，不能持续很长时间。长期做一件事，理想的状态是，一次次推进，不断地达到自己的极限。

今天，就达到今天的极限。明天从 0 开始计算，又一次去达到极限。比如语写训练，今天能写到 6 万字，就不要写 5 万字，能写到 10 万字，就不要写 6 万字。

定下目标之后，想象达到目标的种种过程，把它变成一个具体可行动的计划。如果目标没有达成，就要思考到底还有哪方面没有想到，所谓的达成可以根据所处阶段和达成情况，分为 4 个维度：达成前的达成、达成后的达成、达成前的未达成、达成后的未达成。

　　比如 2023 年 1 月 1 日定下语写训练目标：2023 年 12 月 31 日前，完成语写 1000 万字。会出现两种情况：一种情况是达成；另一种情况是未达成。如果一定要保证目标达成，就在现在已知的资源和环境条件下达成。

　　我们要区分 2023 年 12 月 31 日前的达成和未达成。如果未达成，就要从定下目标的那天开始分析，为什么没有达成。而不是到截止日期了，才回头找没有达成的原因，这时候已经来不及了。

　　如果达成了，是哪一天达成的呢？ 2023 年 5 月 9 日就达成了，那 2023 年 5 月 9 日开始到 2023 年 12 月 31 日，就什么都不做了吗？不是，还要追问第二个问题，目标的确达成了，但这个目标真的达到极限了吗？在能力范围内做到极致了吗？是因为自己比较厉害，还是因为目标定得太低了？

　　一旦发现目标定得太低了，应该对自己说："这么一件小事，不应该成为终点，要重新出发，再跑一遍。"在完成语写 1000 万字的基础上，再加 1000 万字，变成 2000 万字的目标。假设 2023 年 10 月 7 日又达成了目标，就将 2000 万字变成 3000 万字……一直推进到自己的极限，设下一个一定完不成的数值。这样 2023 年 12 月 31 日的目标会自动出来。

　　我们做一件事情之前，并不知道自己可以走多远，如果停留在那里，就会一直停在那里。你怎样想，就是一个怎样的人，目标有多大，你就会走多远。行百里者半九十，1000 万字的目标完成了 900 万字，才是完成了一半，如果还没有达到目标，不要放松，继续努力。

定下目标，想象并写下实现目标的种种过程，这是过程的推演。

定下的目标应如何达成

定下的目标，一定要自己去实现，如果你忘记了，没有人会帮你记住。**你要为自己的目标负责。**

有人会问："目标是要到 2023 年 12 月 31 日才实现的，需要现在这么努力去实现吗？再等几个月不行吗？"

时间会自动被填满，如果你做这件事的时候，没有和时间同步，就很容易错过时间的福利，最终完不成目标。比如语写目标是一天完成 5 万字，假设到中午 12 点的时候，5 万字没有完成，还剩下一半，那么在剩下的 12 小时中，写完 2.5 万字，你觉得概率高吗？有实力的人可以写完，但风险也在发生，晚一点，风险就高一点，完不成的概率就高一点。

和时间赛跑，一不小心就容易错过，有任何一点突发状况，任务就完成不了。每次时间到一半的时候，任务量要完成 90%，即目标的 90% 和时间的一半相匹配。如果你没有做到，就全力以赴去做。**不是等到以后才全力以赴，而是此时此刻就要全力以赴。**

如果一开始你全力以赴去做，到最后就会发现成功率为100%。如果有人问你怎么每次都可以把事情做成，可以回答他："我不是轻轻松松完成的，是一开始的时候就全力以赴去做。"

干成一件事，不是等到以后才干成，应该在过程中不断复盘。按照这个方法做事，人生会很有意思，很多定下的目标，不是等到最后一刻才去实现，而是每次都能提前实现目标。

一些该做的事情一定要提前实现。该做的事情早点做，既然一定要做，为什么不早点做？现在做了，以后不用做，以后有时间了怎么办？有时间了，可以什么都不干。在事情没做完前，不能半途而废，因为事情还没做完。

提前实现目标，后面的时间就休息吗？不是，要赶紧实现下一个目标。

躺是躺不平的，生命在于运动，只要活着，就要创造价值，做出贡献。

如何做出选择

站在选择的路口

在十字路口看到一些指示牌，指示牌上有好几个箭头，每个箭头都朝着不同的方向，左转还是右转，向前还是向后，都有清晰的指向。你要往哪里走，确定哪个方向，就选择哪条路，没有对或者不对，每个方向都可能是对的。

很多时候，我们可能会遇到多个选择。如果你目标明确，那么知道你的目标的人清楚大概可以做些什么，甚至愿意站出来帮你实现目标。人们只会帮助有明确目标的人。

很多时候我们站在选择的路口，不管选哪个方向都是对的，关键取决于你要去哪里。人生就是不断地做选择的过程，没有绝对的对和错，选定了要去的方向后，就知道该往哪里走了。如果没有选定方向，就不知道往哪里走。

站在选择的路口，往哪个方向走，取决于你要成为什么样的人。

生活中的决策，要自己做

每个人都有选择的机会和权利。

要成为什么样的人？一件事继续做还是不做？不是看其他人对你的要求，而是看自己到底要什么，做出什么样的决策。从长期来说，只有自己做决策，才是做决策的正确方法和正确方式。

不要把你的选择机会交给其他人。比如和谁结婚，在古代可能不是按自己的意愿选择的。现在想找一个人过一辈子，是可以选择的。如果你不积极选择，最后可能就变成不得不选择。工作和生活都是如此。

如果生活中的某件事一定要做出决策，要尽可能早地做出决策。每个人都有选择的权利和机会，不要把选择的权利和机会交给外界，尤其不要抱怨环境。改变不了环境，可以改变自己。你完全有足够的能力去做任何想做的事情。要做的事情是一天能做完，还是一辈子能做完，你在做决定的时候就要做出决策。

我的学员在长周期的维度上大都会发生一些改变，他们的生活因为开始语写、进行时间记录，变得和原来不同，他们逐渐找到自己想要的生活方式，因为我们做的都不是短期的事情。

我们做很多事情都是有选择的，这会让一个人发生改变，这种改变是长期的、真实的改变，所带来的实际价值远远超过金钱价值本身。只要你不断地提供价值，世界就会给你更多的馈赠，这才是生活的真谛。

每个人在每个阶段多多少少都会遇到一些成长和进步的机会，可能会抓住机会，也可能没有抓住机会。我们能做的是不断积累，做好准备，机会到了，马上抓住。

做选择三步走

你最近在生活中有没有要做出一些选择呢？是不是觉得有点难度？这件事也想做，那件事也想做，加起来有十几件事，发现自己要做的事情实在太多了。一天就 24 小时，做了这件事，就没法做那件事。如果生活中出现了这种情况，就可以把要做的事情都列出来。

比如看书，眼前可能有 50 本书，其他房间还有一两百本书甚至更多，如果每本都想看，就不知道自己要看哪一本。如何快速找到最想看的那一本书呢？不要随便挑一本，而是先把所有书扫一遍，拿起一本你很想看的书，就好像这本书在呼唤你一样，说明你选到了当下最想看的一本书。

在《巨人的方法》中有一个小故事，一个人与他人分享自己读完《当下的力量》后的感受，他说自己看这本书，花了 5 年时间才看懂。5 年前的某周，有好几个朋友推荐他看这本书，说非常值得一看。他第一年看这本书没有感觉，第二年看这本书没有感觉，第三年看这本书还是没有感觉，第四年看这本书感觉一般，到第五年的时候突然明白了这本书。阅读一本书，也需要过 5 年才会有感觉，看书有时候也讲缘分。

假设有 50 本书，意味着有 50 种不同的选择，如果想做出好的选择，第一步是罗列所有选择。做任何事情，罗列法都有用，可以把现有的资源、方案、要做的事情全部罗列出来。

做完第一步，把所有选项罗列出来之后，第二步是一个一个地去看，如果看到一个选择，非常冲动地想要去做，就相当于你在人群中看中了它，视线再也离不开它，它就是你最好的选择。

如果第二步没有找到那个一眼心动的选择，就做第三步，给所有选择加一个期限。要做的事情那么多，做每件事情的期限是多久，第一件事情 3 年做完，第二件事情一个月做完，第三件事情 10 年做完，第四件事情 30 年做完，第五件事自己做不完，可能要儿子做、孙子做……如果你觉得这件事情值得无限期做下去，就可以写"无限"。

加了期限之后，要认真思考如何完成这些事情。先在这些选择中找出马上能做的事情，再将它一点点向前推进。

选择的金钱价值和时间价值

做一件事，要计算金钱价值和时间价值，计算其中的成本和收益。

可以在每天做出的选择中看看哪些是会产生消耗的。比如，有人给你 99 元，想和你聊 1 小时，看起来你赚了 99 元，如果算一下自己的时间价值，发现自己 1 小时的时间价值大于 99 元，虽然获得了现金，但依然是亏损的，因为生活本身需要成本。如果能帮到对方，对方也给你提供了价值，你们就是互惠双赢的，可以忽略现金收入。

如果忽略背景，两个互不相识的人遇到，A 对 B 说："可以帮我做一件事吗？"如果 B 有非常重要的事情，就无法帮助 A。如果 B 有空余时间，可以帮 A 的忙，帮忙本身无须用金钱衡量。生活中很多事情是不能用金钱衡量的，如果用金钱来衡量事情，看起来得到了现金，实际上是亏钱的。

把时间价值作为你做一件事的衡量标准，有可能值，也有可能不值。在商业方面，你需要计算单位时间价值，计算的方法是用年收入除以一年的工作时长，一般来说，低于现在实际时间价值的，尽可能不去做。和商业无关的事情，就不在衡量范围内了。

假设年收入为 100 万元，一年工作时间为 2000 小时，一小时的时间价值是 500 元。有人请你免费看电影，一张电影票 40 元。为了看一部电影，你需要调整行程，来回交通所需时间大约两小时，看起来省了一张电影票的钱，但多付出了两小时时间，两小时的时间价值是 1000 元。如果选择最近的电影院，自己买票看电影，就可以省下交通时间成本。当然，如果比较重要的人约你，就不能这么来计算。

选择还涉及懂不懂拒绝。很多高手比较擅长拒绝事情，他们会完全拒绝日常事务，也会拒绝一些不产生直接价值的事情，还会长期不做某件事情，比如损耗类的、没有价值和意义的事情。如果确定有些事情不去做，就可以将其设置为原则，在未来几十年的维度上可以省出大量时间去做其他事情。

金钱和时间比起来，一定要把时间放在第一位，金钱放在第二位，这样增值速度会更快。把时间花在哪方面，哪方面就会增值。只要我们拼尽全力努力，都能挣到钱，这里指的是生存线以上的钱。如果钱不够花，就要看时间花在了哪里，而不是看钱花哪里了，要看你每天在做什么有价值的事情。

未来的选择，需要自由的时间

过去所做的选择，只占生活的一部分。未来是不是还会有更好的选择？这些选择从来没有出现在过去的选择里吗？随着时间的推移，一定会有的。这些选择可能超出了我们目前能够选择的范围，就好像还没有遇到最喜欢做的那件事，还没有看到最喜欢的那本书，还没有接触到非常让你着迷的技术。

1912 年，受泰勒科学管理思想的影响，吉尔布雷斯夫妇辞掉原来的工作，采用灯泡和长时间开启快门的相机记录文员和工人的行为，进行科学管理的相关研究。他们原本有自己的专业领域，做得也很好，但是在新的思想理念出现后，发现自己喜欢最新的科学管理思想，于是全力投身其中。

你有没有出现过和吉尔布雷斯夫妇一样的情况呢？在未来 3 年或 10 年中出现的新事物才是你喜欢的，想要全力投入其中呢？肯定出现过这样的情况。那我们能不能现在什么都不做，等到 10 年后才做呢？肯定不能。我们要做的事情是，从现在开始积累，同时留出一部分自由时间，当新的选择出现且想要全力投入时，你能马上去做。

那是不是要重新开始呢？不是。我们要从这些新选择中找出与过去优势积累相关的部分。过去已经做了的事情，有积累，这就是优势，当你开始进入新的领域时，要去找出两者的交集。你不是在做一个全新的选择，不是重新起盘，而是在过去的累积上做加法。

行动引发行动

开始行动，就会水到渠成

一个行动开始，马上引发下一个行动。**只要做好上一个行动，下一个行动就会很快出现**。唯一让自己觉得很多事情做不成的想法，就是不要行动。只要开始行动，很多事情自然而然就成了。尽管刚开始并不知道出发的目标和出发的时间点，但是一个行动能引发下一个行动。

做任何事情，第一个行动都会引发第二个行动。如果你想一年语写 365 万字，目标已经非常明确，确定要 100% 达成，行动是什么？行动就是打开语写 App，下一个行动，就是直接动嘴。

任何一个好的想法，如果只是把它当成想法，那么这个想法不能算是一个好想法。因为一个人每天的想法很多，好想法也很多。想法经常在人睡觉之前半梦半醒时，一个个冒出来，当人醒来后全没了。这些想法没有落实到行动中，不会根深蒂固。

有一个想法立刻去行动，最好遵循一个法则：立刻就能做一点点事情。这一点点事情可以是写下行动的具体内容，可以是告诉未来的自己，在你的人生规划中这一天大概要做什么事情……

"行动引发行动"，这 6 个字特别值钱。下一次要做什么事情，只要问自己："我做这件事情的最小行动是什么？"而不是问："我对这件事情怎么看？"思考，可以在做的过程中进行。就像从一个地方出发去另外一个地方，路上一定会有红绿灯。碰上红灯怎么办？等一等。碰到路上修路怎么办？绕路。在出发前有了大概的线路，按照这个大概的线路走，在路上找到正确合适的路线，就可以抵达目的地。

要抵达目的地，首先要出发，没有出发，很难到达最终的目的地。其次要行动，要达成成果。

一个行动和另一个行动之间，可能有 100 个行动。读这本书，中间有多少个行动？一是知道这本书，二是买下来，三是拿快递、拆快递，四是开始看。中间可能还要看评分、比价格等。从知道到读到，中间经历了一系列行动，你才坐下来看这本书。

如果你有什么目标，一定要写成行动计划，而非目标计划。目标是用来实现的，要坚定达成、提前达成。没有提前达成，怎么办？一定要反思和复盘。什么时候复盘？在目标时间快要截止前复盘。要想清楚，你是今天开始全力以赴地做，还是明天开始全力以赴地做。

"行动引发行动"的第二个行动，可能是一个结果。相当于我们做一件事，做了第一个动作，有了结果，才会有第二个动作。

用他人的行动推动自己的行动

如果你有一件事情，一定要做成，可以找人和自己一起做。假设你想出书，最好的方法是找一位编辑。如果希望出书的节奏顺利推进，就尽可能让你的书能够快速到编辑手上。书稿到了编辑手上，就是到了出版社手上，很多流程就比较清晰了。

因为出版社和编辑是专业的，他们会推进整个流程。在这个过程中出版社可能有一些要求，相当于第三方来监督你，有一个合作伙伴推动你把任务完成。而且还会有一群人一起来完成这本书，有设计师设计封面，有推广人员跟进推广方案。你不是一个人出这本书，而是一个团队在做。日常生活中也会有这样的情况，如果一件事比较难做到，就需要找一个团队，找一个氛围比较好的社群，或者找一位专业人士，这样可以少走很多弯路。

如果做的事情比较难，第一个行动是找到一个人，第二个行动是按他的要求去做，这两个行动能保证你最后把事情做成。

做的过程中，如果还停留在想做什么上，那离真正做到还有很远的路要走。行动力比较强的人不仅知道怎么做，还知道如何做得更好。

在行动中"做多"

每天都在做事，那么你在做事的时候，是做比较多的事情，还是做比较少的事情？

语写训练的基本要求是每天 1 万字，一定要达到。你是每天写 1 万字，还是对自己要求比较高，可能写 2 万字、3 万字、5 万字，甚至 10 万？一年下来，你觉得每天写 1 万字进步比较快，还是写 5 万字进步比较快？肯定是写得多的进步快。

日常生活中，1 万和 5 万，就是 1 倍和 5 倍的差距。工作中也是一样的，原来大家都是一个人干 1 天的活，工作量差不多。但是其中一个人通过合适的方法，工作效率提高了，1 天做了 5 天的活，效率成倍地提升了。刚开始差别可能不大，几年下来这个人就升职了，业务做得更广了。

大家看起来做的都一样，谁也没有多加班。但实际上，其中一个人做得比较多，这个"多"是因为他找到了一套基本的方法。同样一个目标，比如用 Excel 处理数据，你花了很长时间，好不容易处理了 100 万行，但是他找到了方法，快速处理完了。

我们能做一些事情，说明一开始就已经具备一些能力。如果长时间不使用这些能力，就会生疏。如果想通过学习在一个领域成为专业人士，就要了解如何快速做到，可以去看已经做到的人分享的经验帖，总结他们用的方法，然后将其迁移到自己身上。这是我们在任何领域都可以提高效率的方式。

在目标清晰的行动中做得多，可以让时间增值。

用行动转换状态

有人说自己状态不好，但实际上状态是可以调整的。**如果你对生活有积极的看法，就会相信自己可以调整自己的状态，可以控制自己的思想。**

调节状态的方式有很多，比如冥想、听音乐、散步、喝水、洗澡、唱歌、读书、写作、运动等，都可以让你从一种状态调节到另一种状态。其实你任何时候都具备快速调节自己状态的能力。

与其说调节状态是一种习惯，不如说是一种行动。有一个调节状态的小游戏，就是当你状态不好的时候，不停地慢慢地"哈哈哈哈"笑，你的状态会慢慢好起来。如果还是觉得状态不太好，就用高低不同的音调笑起来，这样也会使人觉得快乐。

状态好的时候，可以给自己找到状态不好时可用的行动方案，一旦状态不好的时候，就可以马上采取行动调整。

状态不好的时候，不要去抱怨社会，也不要抱怨自己。**只要你愿意改变，过去是什么样子，一点都不重要，以后变成什么样才最重要**。如果你不知道自己以后想变成什么样，就会沉迷于现在。

你怎么想，就是一个什么样的人。你想活成什么样，就可以活成什么样。如果你觉得未来是充满希望的，不能只是停留在理想层面上，要把注意力放在自己今天到底要做什么事情上，这代表今天是一种希望。当一个人充满希望的时候，他在行动上是极其积极的，不会拖着不动，也不会不知道以后怎么办。

清晰的目标比模糊的目标更明确，更容易达成。如果一个人觉得可以调整自己的状态，任何人都可以在很短的时间内调整自己的状态，调节可以按小时算，也可以按分钟算。如果一个人的状态不好，要花一天或者两天的时间调整自己的状态，那么他可能是对自己不太负责。

每个人每天都有重启的能力，也就是从 0 到 1 开始做一件事情的能力。每个人都可以让自己变得自律。每个人都可以通过改变自己的行动，来改变自己的思维状态和情绪。

如果觉得自己现在的状态不好，就对自己说："我用非常好的状态去行动，引发好状态。"如果觉得自己现在很累，就对自己说："我用精神抖擞的状态去做事情，调整自己的状态。"

这相当于从一种情绪转换为另一种情绪，最佳的方式是用一个行动让自己转化。下一次，遇到状态不好的时候，让自己抽离出来，最快速的方式是加一个行动。

有的人进入一个情绪周期，要两三个小时才能恢复过来。有的人做一些事情有挫败感，不好状态能持续两三天。情绪的转换，一般最多给自己一两个小时，最快两分钟，转换一下行动，对自己说："放过自己，没关系。"再加上一个动作，可以设计一个特定动作，比如握着拳头，从上往下，心里默念"OK"，这样就把自己的情绪转换了，继续行动。

语言是生产力，也是行动

　　语言是生产力，也是行动的一种。如果你说："我此时此刻觉得很好。"这是你说出的话，说话的动作，也是一种行动，哪怕在说这句话前可能感觉并不好，甚至很差，说完之后也会觉得还不错。如果你说："我觉得今天很不好。"本来状态很好，因为这句话而受到影响，变得不是很好。

　　语言就是生产力。使用生产力工具，我们希望它的效率更高，发挥更大的价值。在语言中，有一些词本身的能量很高，带有积极效果，我们要多用这一类词语。说积极的词汇能够调动你的状态，提高生产力。

　　拥有一个生产力工具，肯定希望它能好用一些，能够帮助你发挥更大的能力，这也需要好好打磨你的生产力工具。**语言，这个生产力工具，也需要好好修炼。**

　　"今天是美好的一天，今天会有好事发生。"如果把这句话改为能量更高的、更具有生产力的话，可以这么说："今天是美好的一天，今天已经有好事发生。""会有"是指将来的状态，"已经有"是指已经发生的状态。

　　这种方式，放在目标里也是一样的。定下一个目标，目标就已经实现了，尽管实现的时间点可能是未来，但是我们就说已经实现了。大家很好奇地问你："你是怎么实现的？"你可以把已经实现的过程告诉他。既然这件事是未来发生的，那么它实现的路径可能有很多种，比如，20××年×月×日，定下的目标已经实现了。为了实现目标，做了几件事，分别是什么，达成了什么成果，使得目标实现了。

在目标尚未实现之前，就说目标实现的状态，并重复告诉大家，明确说明你的目标，大家都会来帮你。

用行动影响他人

如果要对一个人产生影响，一定是在行动上产生影响，而不是在理念上产生影响。对一个人产生影响，并不是你说得有多好，而是对方从行动上改变了，你怎么做，对方会看得见，会模仿你。有些人可能并没有看完你所有的做事的方法和行动，但是一段时间后，他会看见你做成什么样子。

做一件事情，一定会有同行者。在电影《阿甘正传》里，阿甘跑步时不断地通过行动影响其他人。很多名人在一开始的时候几乎没有人关注，但是在他做出自己的成果、展现自己的行动时，会逐渐影响他人。

你在做一件事情时，不仅自己成长了，还能对其他人产生帮助，这是很美好的事情。2022 年我做了 1000 场直播，每场直播大约 30 分钟，我将它全部当作练习，没有打算有什么成果，只当成去的动作，最差的情况是浪费了 500 小时。一年做下来，从收到的反馈来看，对听直播的人有一些帮助，并产生了行为上的影响，我自己也得到了锻炼，这是好事情。人生莫过如此，活着的时候做一些有用的事情，这些有用的事情还能对其他人产生一点行动上的影响，或者思维上的改变，世界因此而变得更加美好。

每个人都有自己的生活，你不需要对所有的人负责，但是一定要对自己负责。当做一件事情且知道这件事情的结果时，别人看不到结果，他可能会反对你。等你把事情做成之后，再来展示、汇报。只要你优秀，或者你可能变得优秀，就一定会听到反对意见。

如果有人对你说："你这么好的一个人，怎么做这样的事？"你不需要理他。要完成一件完美的作品，需要的周期足够长，极少有人能陪你走完。在实现目标的路上，有人来，有人走，这很正常。你只需要对自己的结果负责，而非对所有人的说法负责。如果要让所有人都满意，就等于让你自己不满意。

做事情的时候，一定要确认自己做这件事情是有目标的。拿我自己来说，有时候有人说看不懂我的一些做法，几年后又看懂了，过几年后好像又看不懂，再过几年后又看懂了，但对于我自己来说，目标是明确的。做一件事情，每次是新的东西，会有人无法理解，这是很正常的，但也有从来没有接触过的人一下就能理解。

我展现出来的是行动，让大家看到我是怎么做的，一开始大家可能不懂，或者没有感觉，但慢慢地会看到结果。

行百里者半九十

理论要落地，要有行动

我们平时要做的大部分事情，只要能做，难度不会特别大，不会遥不可及，基本都是触手可及的，无非是多做一点，效果好一点，做得少，效果就会差一点，但是不会没效果。如果没有效果，很可能是你做得还不够。

很饿的时候，只允许你吃半碗饭，你是吃不饱的，会感觉不够吃。至少要吃一碗饭，才会没有明显的饥饿感，足够的量才有效果。做一件事，如果做的量不够多，有可能和你很饿的时候只吃半碗饭一样。如果量够了，自然就会有成果，就像吃一碗饭才感觉不是那么饿一样。

看了一本书，听了一堂课，可以收获很多知识，但是更重要的是要去做。学会一个理论，要转换成具体的动作，切实地去行动。

定下一个目标，将目标进行拆解，拆解到每一步具体的行动，预想好所有可能出现的情况，一一想好应对方式，大概率可以达成目标。但依然不能保证 100% 成功，因为可能会出现意想不到的情况。

如何理解"行百里者半九十"

我的行动方法是,行百里者半九十。目标只有做到 90%,才是做到一半,而不是完成 50%,就说完成一半了。

比如语写一天 1 万字,写了 5000 字就是完成一半了吗? 不是的,要写完 9000 字,才是完成一半。如果说今天时间过了一半,12 点了,已经写了 5000 字,是不是就满足要求了呢? 不是。要在 12 点前写完 9000 字,才算是完成一半,剩余的时间再完成剩下的 1000 字,就很容易了。

行百里者半九十,其中的 100 里是一个有难度的事情。你的目标定在 100%,完成 90%,至少走完了 90 里;如果你的目标定在 10 里,完成 90%,只有 9 里,9 里和 90 里之间还差很远。目标定得远大一些,走得也会更远一些。

要达成一个目标,需要时间,有时需要的时间还很长,也需要有人一起走,可能有人来有人走。也许会有同行的人不想和你一起走了,放弃了。如果你还想达成目标,就要继续不停地努力,找到更多的人一起去实现目标。

努力是从定下目标的那一刻开始的,做的过程中我们要不断地复盘,明确自己做什么,有什么成果,要不要调整,如何调整等,再去执行,再去复盘。

很多时候,只在做完事后复盘,出现问题后会来不及处理。比较理想的状态是,事情发生前就预防,看过程中发生了什么,是因为什么,是因为做了哪些,哪些还没做到,是否需要补充。

　　面对一场考试，你一定不希望自己在最后一晚临时抱佛脚，还在补最后的 10 分，最好是在考试前三天就掌握相关知识点。理想的情况是，真正做之前就准备得非常好，随时经受考验，100%达成目标。

从一开始就努力

　　设定一个目标后，从确定的那一刻就要开始做，开始努力，马上去制订计划，从制订好计划的那一刻就开始干，而不是等到快到截止时间时，才匆匆忙忙开始。

　　从一开始就努力，事情做完后，就不用管了。如果事情没有做完，心里总会挂念着它。对事情的挂念会占据心智的一部分，对很多事情都挂念，心智会被占满，没有心思踏实下来做更有创造力的事情。这部分被占据的心智，完全可以释放出来。把事情做完，就不挂念了，时间一到就能取得成果，事情就成了。

　　达成目标的过程，可以拆解成几个阶段，每个阶段设定相应的目标。设定的目标既不要怎么努力也达不到，也不要过于轻松，太轻松会没有动力。要把力所能及的事情做到最好，把时间充分用好。

　　做的过程中，边做边复盘，复盘后调整。看自己有没有如期完成每个阶段的目标和计划，动作是否做到位，目前的计划、任务和目标是否能让自己更好地完成接下来的计划、任务和目标。

当时间过去一半时，已经完成了 90% 的目标，会停下来吗？不会，你会用剩下的一半时间，完成 10% 的目标，提前完成，可以继续做，也可以迭代优化。

在任何专业领域，都可以用这样的做事方式去提升和改进自己。

不打无准备之仗，不是等到最后一刻才开始动手，而是一开始的时候就确保事情一定能成。100% 的成功是因为你有控制力，能把事情做成，不是因为你过去的一次努力，而是因为过去长久的努力，不是一次，是多次。每次都力所能及地把事情做到极致，你的人生高度会提高很多。

有可能最后的 10% 会发生潜在预知或者不可预知的情况。就像买房的时候，很多人付了定金，但是最后不一定会买。买房人的主观意愿很强，但会因为各种各样的原因，比如钱没有及时到账、没有借到钱等情况，而没有买成。

作为销售员，一定要达成业绩，不要因为客户的理由，而不能达成业绩。要尽可能地跟进客户，确认每一个环节能 100% 完成。有时候会出现一些先来后到的情况，比如后面的人符合条件，但没有名额了。前面的人让出名额之后，你能马上联系后面的人，快速跟进。

好的销售员和好的目标达成者，都是提前把目标完成的，并且他们拥有一套预防机制，这套预防机制可以帮大家把目标真正达成。这一点很重要，事情不能只做一半，在时间过一半的时候，就要完成 90%。

打破限制

钱一定够用

到目前为止，有没有感觉自己的钱不够用呢？如果有，可以思考以下两个问题：钱够不够用？时间够不够用？

回答这两个问题，一个是感觉，一个是事实。当你不知道一件事情是否好时，反向一比较就能知道。

如果觉得钱不够用，可以问问自己：到现在为止，是在赚钱还是在花钱？平时 80% 的时间是在想怎么赚钱，还是在想怎么花钱？

如果觉得时间不够用，也可以问问：自己是在努力抓住时间，还是在浪费时间？有时候我们就想每天努力 1 小时，让赚到的钱可以在其他的 23 小时够花。

如果觉得钱和时间都不够用，可以去看看《路易·威登的传奇》这本书，书里写到 LV 创始人路易·威登 14 岁时去巴黎，400 公里的路程按照现在客车的行驶速度计算，大半天时间就可以到。但是路易·威登没有钱，需要先解决生存问题，于是一边打工赚钱，一边走向巴黎。花了两年时间，走了 400 公里，终于在 1837 年 9

月，在他 16 岁的时候到达了巴黎。在生存基础上求发展，巴黎是他求发展的地方。

现在，很多人是没有在生存线以上的，忙于生存，根本没有时间探索发展。只要一比较，你就会发现时间和金钱不是不够，是和欲望比起来不够，并不是真正的事实上的不够。事实上的不够，是现实中的匮乏，一个人真的没有钱，就一定会为了生存而奔忙，要做很多和生存有关的事。

自由才能创造。时间和金钱不够用，很大程度上是因为一个人没有把所有时间用在怎么赚钱这件事上。

再以路易·威登为例，他刚开始工作的时候，每天工作时长 15~16 个小时，一干就是 16 年。他不存在怎么挣更多钱的问题，只是把手上的事情做好，一直踏踏实实地干到了 30 多岁。

也许你花了很多时间在想能不能找到更好的工作，能不能有更好的赚钱方式，但其实这不是求生存阶段要考虑的问题。处于求生存阶段的人，无法思考如何更好地赚钱，只能是有什么做什么，就好像 14 岁的路易·威登花两年时间走 400 公里去巴黎，他每天担心的不是能不能到巴黎，而是今天吃什么、晚上在哪里睡觉。

对比一下路易·威登拥有的资源和成就，在那个时代、那种环境下，他能让自己生存下去，并且成为知名设计师，创立世界顶级奢侈品品牌。

钱不是限制性因素，如果是，一定是你还不够努力。**钱不应**

该成为你的限制性因素，让自己变得有钱，是你的责任，不是别人的责任。是你应该做的，不是别人应该做的。

一定会有时间

请问读书这件事情有时间做吗？如果一定有时间，那么过去的你是否每天都在读书？一定要做的事情，你真的做到了吗？

以我自己为例，创业初期最忙的时候，有没有时间读书呢？有。真的读不了书吗？不会的。但是真的读了吗？创业初期，有一段时间每天忙于琐事，没有时间读。**当我进入阅读状态后发现，时间真的有，可以利用一切时间、一切场合去读书。**

随身带一本书，看不看无所谓，重要的是有读书的心思。随身带一本书，提醒自己阅读，这是一个好习惯。如果不读书，书可能离你很远。

如果完全没时间读书，1 页、3 页、5 页都没有时间看，就要回过头想想到底是因为什么事情没有时间读书，是主观原因还是客观原因，是不想读还是真的没时间。

有一次阿西莫夫因为生病而住院，他觉得自己住院了就可以好好休息一下了。而合作方认为，阿西莫夫住院了，应该没事可做吧。于是合作方都去催稿，结果他住院时比不住院时还忙。这种情况比较特殊，有时候你觉得自己没有时间，可能大家觉得你有时间。

为什么总是没有时间去锻炼、去阅读呢？因为我们把时间花到其他地方了，没有意识到时间的结构是可以调整的。

时间总量，一天 24 小时是相同的，但每个人做的事情不同。做有积累的事情，所有的时间都可以进行调整，在 7~10 年的维度上去做调整，调整时间的结构。

一年的时间是 8760 小时，10 年是 87 600 小时，100 年是 876 000 小时。假设有件事对你来说很重要，但是在 8760 小时里腾不出时间来做这件事，那把时间线拉长到 10 年的 87 600 小时，可以安排时间做这件事吗？再拉长到 100 年的 876 000 小时，能不能安排时间来做呢？时间不够，就将时间线拉长，从长期思维的角度去考虑这件事。在长时间维度上，时间总量不会变多，但我们可以做选择，选择最重要的事情，作为一生的重点。

为自己的时间花费定下原则

很多人觉得晚上和白天的时间属性不一样，其实是一样的。如果你了解自己的精力状态，晚上 9 点也可以出去玩，早上 5 点也可以出去玩。

分享一个生活幸福小秘诀，工作日早上 8 点之前把一部电影看完，这感觉太好了。一般看完电影后人比较放松，一看时间，才 8 点，会发现这一天好充实，一整天都活力满满。这不是将黄金时间用来放松，是体验人生。当然，体验一两次就好。

没有谁规定看电影一定是在晚上，如果很喜欢这件事情，可以放在早上进行。如果再早一点，偶尔5点起来，一般就看手机、回消息。那时候没有人找你，用两倍速或者3倍速将两个小时的电影用45分钟或者30分钟看完了。6点半前开始语写，写到8点，还有机会写到2万字。

没有人规定，一定在什么时候做某件事情。语写的理念也可以用在看电影上。在语写练习中，可以在各个不同时间段体验语写的状态，比如早上、中午、晚上、凌晨等。不能经常在凌晨体验，但至少体验一次。在不同时间段感受一下语写的状态，就是为了锻炼我们及时发现的能力。把它迁移到看电影这件事上也是一样的，可以在早上、中午或凌晨看电影。没有人规定一定只能在什么时候看电影。

如果再迁移到挣钱上，一定要等到周末、工作日才赚钱吗？一定要等到早上9点后才赚钱吗？有时候我的工作不分时间、地点，有人咨询我，我就得回消息。晚上我是不回消息的，因为有早睡的习惯。

晚上是用来睡觉的，一到时间就困。这是我自己的生物钟，所以到晚上10点后，哪怕有很好赚的钱也不赚。为了让自己早睡，我以前的咨询费在每天晚上9点前比较便宜，晚上9点后每小时10万元起步。如果有人可以承受这个价格，就安排上。这个价格是用来约束我自己的，不是重要的事情，就第二天再解决。结果发现，绝大部分事情都可以等到第二天。自从我定了这个规则之后，晚上9点后找我的人的确少了很多，至少不会因为一些小事情来找我。

定下这个规则，不是真的为了赚取客户的费用，而是为了保证晚上 9 点以后的时间，调整自己的作息。晚上的时间适合慢慢放松，一旦开始处理紧急事务，大脑开始高速运转，好像车子开上高速一样，一下子停不下来。

要分清楚真正紧急和假装紧急的事情，在遇到一些紧急情况时，稍微想一下或者查下资料，就有了答案，但偏偏选择在很晚的时间去问，这是忍不住的冲动。经过思考和努力，找了很多方案还没有解决的问题，才是真的要问的问题。

有时候，一些学员问出问题的那一个瞬间，自己就得到答案了。慢慢养成习惯，在问题问出的那一瞬间，自己先写几个答案，问问题的时候，带上 3~5 个自己的想法，再去求证答案。

时间有限，金钱无限

时间资源是有限的，很多其他的资源是无限的。时间的使用是确定的，不管一个人活到 100 岁还是活到 120 岁，其时间总量是有限的。金钱则是无限的，它会随着能力的增长而增长到无限，只要你不给自己的能力设限。一个人挣多少钱是无法规定的，没有谁能规定你挣多少钱。

时间是有限的，金钱是无限的。时间只能调整结构，也就是具体时间花在哪里；金钱可以调整方向，也就是钱花到哪里。

时间有限，但时间结构是可以调整的，你可以只用 1/4 的时间，干完现在所有的工作，并且取得一样的收入水准。剩下的时间，不能按照收入不变的情况来看，要看时间是否继续被使用到更好的时间结构中，比如多出来的时间，可能会被投入到家庭，也可能会被投入到休闲娱乐中。对于有些人来说，在休闲娱乐时，也可以产生创造力。

通过调整时间结构，投入时间直击核心目标，这个核心目标属于人生规划的一部分。一个人不可能把所有的时间放在工作中，我相信不可以也不应该把所有时间都放在工作中，人是一个社会角色。

时间的结构调整，比如在学习上增加一点时间，会提高工作效率。随着工作效率的提高，工作时间有可能会减少一点，但是工作总量不变。在这种情况下，时间结构的调整没有增值。其中一个维度通过学习效率增加两倍，让工作效率增加 4 倍，在同等情况且收入不变的情况下，工作时间缩短 1/4，实际上等同于工作收入翻了 4 倍。这种情况下，学习效率提升，再加上做事效率提升，其实是 8 倍的调整，这就是时间结构的调整。

再如，原本要处理一些生活中的事务，但你选择外包出去，不用自己处理。这部分多出来的时间，没有用来休闲娱乐，也没有浪费，而是用在学习类的投资增值上，这也是时间结构的调整，时间在不断增值。

时间有限，需要赛跑。只有极少部分人在 60 岁以后其财富值还在呈指数级增加。绝大部分人在过了 60 岁之后，财富值是下降的。我们在年轻的时候就应想清楚，要成为什么样的人。

如果你把时间结构用得好，金钱会越来越没有上线，因为金钱资源并不只包含你本人的。如果你要做一件事情，所有人都认为是一件好事情，而你只差钱的话，这件事情会得到社会资源的支持。也就是说，如果做有利于社会、有利于增值、投入比较低、收益特别大的事情时，要把这件事情做成，最不缺的就是金钱资源。一定会有投资人、客户、社会等各种各样的资源向你涌来。

在金钱资源方面，一些钱花出去，不一定能增值，但是有一些钱花出去，是可以增值的。通过记账，你可以了解自己将金钱资源放在哪方面，看到自己具体做了什么事情，用什么方式做事，才会明白金钱资源不会越来越少，反而会越来越多。

记账主要明确钱怎么花的问题，如果钱花在增值的事情上，或者花在具体可以做的事情上，财富增值速度会跑赢时间。

写 1000 万字与赚 1000 万元

在语写学员里，有些同学一年会进行 1000 万字的训练，做到这件事不会直接变现，但是对于挣 1000 万元是非常有帮助的。有的语写学员将每个字都当作钱来算，一个字 1 元，1000 万字就是 1000 万元，想挣到这么多钱，就要写到这么多字。

很多人对 1000 万元是没有概念的，一年挣 1000 万元，一天挣多少钱呢？很多人可能没有计算过。如果放在语写里，去看看作业一天要写多少字，转换下一天要挣多少钱，再结合自己的业务，就有结果了。

设想一下语写训练完成的字数，如果稳定，就要找一种非常稳定的方式，实现财富目标。

在语写学员中，很多人一开始并没有思考语写训练会带来多大的价值，一开始可能只是记录生活、自我对话、练习表达等，在做的过程中才渐渐开始深入思考，开始探索更多的价值和意义。随着训练的推进，只要坚持下来，结果自然而然地就会出现，语写也会成为生活的一部分。

有时候做一件事，它会逐渐融入生活，你可能感受不到。如果从生活中抽离出来，立刻可以感受到。就像我们每个人都能看见一件事，天天都能看见它，觉得好像也没有什么用。如果哪一天看不见它了，就发现看得见非常重要。

可以用这个角度反向思考一些事情的价值。很多事情，我们觉得没有价值，但是当它从生活中消失的时候，就会感觉到它的价值是巨大的。我们可以对生活中常见的事物进行反向思考：假如没有它，会发生什么？会失去什么？这样很多事情就直接有了价值。

如果你做一件事情，有些迷茫，还不能完全确定，可以试着用这个方法。比如做语写的同学，可以思考一下：如果自己这辈子从来没有碰到过语写，会错过些什么？如果你这辈子从来没有碰到语写这件事，人生是不是会不同？

反向思考一件事给你带来了什么，会很有用。每个人成长中遇到的机会都不一样，有很多替代的机会。可以在你的生活当中，找到很多成长方式。语写，可能是比较适合一部分人的成长方式，如果你是内向者，就特别适合语写。

语写学员中很多人可以把事情做得很久，原因可能是大家比较喜欢一个人，才会慢慢把一件事情做成。如果把一件事情做成需要一群人，我们要构建一个良好的工作氛围。如果你是与人面对面打交道的外向者，线下活动更适合。

如果给你 1000 万元，你会做什么

先抛给大家两个思考题：

第一，如果给你 1000 万元，你会做哪些具有创造力的事情？

第二，你可以想出哪些能影响人类发展的计划？如果你没有多少钱，能不能把这些计划做出来？

可以认真思考一下这两个问题，最好是通过语写或写作将它写下来。

如果想做一件对别人产生影响的事，就要切切实实地行动。比如组织一场活动，不是你让对方来参加，人家就愿意来的。让1000 万人去读书，就让大家去读书就好了。如果你说的话对别人产生影响，你就可以影响 1000 万人。如果真的能让 1000 万人享受读书这件事，让这么多人读书并产生了行动上的影响，你需要

采取很多行动。

我相信语写会影响 1000 万人，当然这是难度很大的一件事情，比挣 1000 万元还要难。让一个人去学习一项新技能，成本是很高的。在提供服务过程中，有人想报名，但报名后不想自己写，我觉得不行，只有自己参与语写的实践中，才会对自己有帮助。通过训练对自己和他人产生了实实在在的帮助，才是双赢。

时间记录，我相信会影响 1 亿人。如果一个人能在比较早的时候提前规划以后的时间怎么用，培养自律的习惯，选择最难的事情去做，很多事情就会做成。

如果你做了一件特别难的事情，比如语写、时间记录，其实它们都比挣钱难，但做成了以后，很多事都会变得比较容易。正确地花钱比赚钱难，正确地花钱比改变思想难。

做一个有成果的人

做事情要有成果

每个人在日常生活中都会做事情，甚至每天做很多事情。但有一种情况是自己感动了自己，有时做了事情，不一定有成果。

我们准备做一件事时，最好在出发前，就要把希望做成的事先确定下来，相当于在做之前就有了成果，接下来就不断地去实现。

做的过程中没有取得成果怎么办？盘点一开始出发的目标，看看自己还有多远。比如目标 30 天语写 100 万字，一开始就定下了这个基本的目标和要求。假设第 21 天，包含当天还有 10 天，完成字数是 60 万，剩下 40 万，按照之前的安排没有达成目标，怎么办呢？调整方向，想想为什么没有达成、原因是什么、接下来怎么做。

做了一段时间语写后，很多人会发现 30 天 100 万字的目标是有能力达成的。如果没有达成，可能是方法不对，可能是时间没安排好。但不能等到最后一天再说是因为方法不对，才没有达成目标。如果有一个终身目标，不能等到 90 岁才突然想起来这个目标没有完成。人在年轻的时候就要找到自己的梦想，并且开始为此而奋斗。等到 90 岁才想起来，大概率时间不够了。最幸福的事莫过于一个人在年富力强的时候就找到了自己的使命，并且全力以赴地去实现。

取得成果的人，通常不是最后才去发力，而是在一次又一次努力的过程中，尽早地完成目标。首先把最低任务完成，然后努力向前推进，都是一步一步地实现目标。

做任何事情，不能只做事后复盘。就好像人不能到了晚年，才后悔年轻的时候不努力，说"这个我会，就是没去做""那个我也懂，就是没动手""年轻一点多好"等，如果可以，这些话能不说就不说，不要等到多年以后再回想当年，现在开始尽早把要做的事情做完。

在取得成果的过程中，一定要提前发力，不要等到事后发力。明明可以早一点取得成果，为什么要等到以后呢？明明可以取得更大的成果，为什么要将就小小的成果呢？有一些成果比较大，无法在很早的时候取得，有一些事情，就是要到老了之后才能有成果，这是很正常的。但这些成果也要从现在开始做，最终才能获得。

在专业上取得成果

如果一个人没有资源，但是特别有时间，又希望自己可以通过知识获取物质财富，如果他只说要赚钱，并没有行动，就不会产生物质结果。只有通过自己切切实实的努力，把现在能做的事情做到极致，来获取物质财富，改善家人生活，才能改善教育环境，从而改变生活。

人活一世就是对更多的人产生实实在在的影响。我擅长的是从 0 到 1 把一件事情做到极致，长期做一件事，长期影响一个人。我们普通人用普通的方法，一步步把事情做成。只要你下定决心，积极主动地去做，不管做不做得成，在哪个领域你都会受欢迎。如果你只听过很多道理，但不去做，这是不行的。

把生活打理好，每天走在路上的时候才会比较充实，这种充实是在我们对自己的认知到了一定的境界时才会有的。

不管将这种方法运用到哪一个专业领域，都可以取得一些成果。

先完成再完美，完美可以通过调整结构来实现，完美是一个过程，我们只有经历这个过程，才可以做得更好。

尊重节奏

普通人做普通人的事情，做得稍微有一点点成果。可能结果看起来不那么明显，但衡量一个事物不能用单一维度。每个人的节奏不一样，不能要求所有人都按照同样的节奏、同一维度来进行。有人努力一两小时就会有成果，有人要努力 3 个月，有人可能要努力三五年，有人很早就能取得成果，有人晚年才会取得成果，尊重节奏，尊重自己的节奏，也尊重别人的节奏。

在尊重自己的前提下学会成长。每个人要遵循自己的节奏，在人生的不同阶段，为自己制订一个客观的计划。也许你看到有的人很厉害、很努力，但不知道他在人生早期阶段做了很多积累，这些积累是看不见、摸不着的。

在还没有取得成果的时候，就做客观的数据记录，去衡量次数。也许有人努力了一次，就有很大的成果，但你可能努力了一两百次，还没有什么成果，别忘了你并没有看到他过去的努力和积累。不要和别人比较，而是看自己是否将力所能及的事情做到了极致。

如何解锁时间密码

复利产生的一个因素是时间，同样本金，开始的时间越早，持续的时间越长，所产生的复利越高。一些事情要等到一个时间节点来临的时候，才能解锁。在一个领域要做到一定程度，才能解锁时间密码。

假设你在一个专业领域做了十几年，这十几年的收入并不是最多的收入。如果年收入是 100 万元，一年的实际时间价值大约是 438 万元。具体的计算方法是用年收入除以工作时间，计算出单位时间收入，再乘以 8760 小时。100 万元与 438 万元相差 338 万元，这是时间增值空间。假设在 10 年间，每年的收入比你实际拿到手的工资多 10 万元，10 年就有 100 万元。这 100 万元虽然没有在你手上，但是你掌握了专业知识，有专业积累，只要在能用到的场景，马上就可以把过去已经积累的专业知识进行变现。这不是重新开始做一件事，而是在原来的基础上，将它一次性拿回来。这就是解锁了时间密码。

换句话说，你现在所做的事情，特别是现在赚钱或谋生的能力，或者是你要做的其他感兴趣的事情，要考虑是否和过去所积累的能力直接相关。做了一件事，有人为此付费 100 万元，其实是在为你过去付出的时间进行解锁。

比如写日记写了 20 年，看书看了 20 年，会不会有收获呢？有。巴菲特每天花 4~5 小时阅读，我曾经有一段时间也尝试了一下，发现每天 4~5 小时阅读需要具备以下几种能力。

一是体力要不错，不管是坐着看、站着看还是走着看，一天 4~5 小时做同一件事，体力都要到位，并且处理信息的速度要很快。刚开始一天读书 5 小时，大脑可能还不习惯。但是长期这么训练自己的思维方式，思考速度会提高。

二是如果一直做这件事，需要大量做减法。一旦规定自己每天 4~5 小时做一件事，其他事情就需要重新安排。

做很多事情比较值钱，但是不等于可以换取现金，有的能赚取生活费，有的是情感储蓄，建立了很好的感情基础，在一些关键节点可以用上。同样，如果你的专业优势和所做的事情是值钱的，随着时间的推移就应该越来越值钱。什么时候变现呢？在某一个关键时刻，你打开了时间密码锁，就会变现。

有些人可能要等到 40 多岁时才能变现，有些人要等到 50 多岁时才能变现，经过不断积累，他们自然而然地达到了比较高的高度。

随时复盘

复盘，从事前开始

复盘通常是说在一个任务结束之后，去分析做事的过程，看看做得好的地方和需要改进的部分，以及如何让下一次做得更好。

反过来思考，我们在一开始做事的时候，或在事情的推进过程中，是不是也可以复盘呢？可以，复盘可以从事前开始，这叫"事前复盘"。

一件事情如果做成了，是怎么做成的呢？一件事情如果失败了，是怎么失败的呢？做事前开始进行复盘，心中就很清楚如何做。然后，直接按照复盘步骤去做，而不是等结果出来后，复盘时再说自己无能为力，时间一过，就做不了了。

定下目标后，想象达成目标的情形和过程中的种种可能。在这个过程中，目标可以以达成的时间为节点，分成 4 个维度进行复盘。

达成前的达成。定下目标，想象达成目标的情形和过程中的可能性，对达成目标的过程进行预测、分析、演练。

达成前的未达成。在定下目标时，预测可能不能达成，要分析原因，及时调整行动计划，降低风险，保证推进。

达成后的达成。目标达成了，是否做到极限呢？做到了，制定下一次的目标。没有做到极限，下一次的目标是否可以给自己加码，做到极限呢？

达成后的未达成。全力以赴地实现未达成的目标，复盘未达成的原因，思考如何优化，找到下一次达成目标的方法。

一件事情做成，绝对不是突然才成的，一定是在做成之前，就做了足够多的准备。 对于做事的方式、做事的结果、到底做什么事情，都要进行事前复盘，这样可以帮助更多的人把事情做成，不要等到事情结束后再复盘。

复盘，从事前开始。

复盘，要随时进行

复盘，可以随时进行，事前复盘，事中复盘，事后复盘。

通常我们会说事前计划、事中调整、事后复盘。这是 3 件事，如果我们把它们合成一件事，都叫作复盘，从目标定下来就开始思考：目标将如何完成？我们达成目标可能经历些什么？从一开始就尽全力了吗？今天达到极限了吗？目标可能会在哪里失败？我如何避免？发生了意料之外的事情，我怎么处理呢？……

从一开始就不断复盘目标的达成和未达成部分，过程中复盘进度、问题、改进，达成后思考能否优化。

事前复盘，是在行动一开始，就要想如果成功，是如何成功的，如果失败，是如何失败的，按照事前复盘的路径去执行。

事中复盘，是在做事的过程中，不断地对齐目标和进度，做到了能否做得更好，没做到的原因是什么，以后如何做。

事后复盘，是在事情结束后，思考目标达成了，到底做对了什么；目标未达成，解决方案是什么，哪些还可以做得更好，接下来如何行动。

复盘时，不要向外找借口，要向内找不足，聚焦解决方案。**把注意力投注在目标上，行动、复盘、迭代、行动，这才是真正的全力以赴**。目标未达成，唯一的原因就是没有做好充足的准备。

找一群长期的同行者

变得优秀，不会影响其他人继续优秀

你变得优秀，不会影响其他人继续优秀。而且你的优秀，可以激励其他人更优秀。

"不影响其他人继续优秀"，是指你不会阻碍其他人变得优秀。比如你的考试成绩是 100 分，考了第一名，你变得优秀，这不影响其他人继续优秀，别人也可以考 100 分，与你并列第一名。

向高手学习，高手并不会因为你向他学习，他就不是高手了。高手还是高手，而且他会继续成为更厉害的高手，你在成为高手后，可以和他探讨、切磋。

换句话说，完全不需要有任何阻碍自己把事情做好的心态，只有做得更好，才会影响其他人变得更好。也不要担心自己变优秀后就没有朋友了。要努力让自己变得优秀，这样你的优秀会影响其他人变得更优秀。

我们做事情，把事情做得越来越好，这是好事情。并不是说谁做得越来越好，他就成为你的对手，不存在这种说法。

一群人变得越来越好，是我们不断进步的基本保障。所有人变得优秀，这是好事情，是多赢。我们一起不停地往前走，才会看到更好的风景。

人们只会帮助有明确目标的人

人们只会帮助有明确目标的人，这句话里"有明确目标"指的是你，"人们"是外界，也就是你周边的朋友或者环境、政策，或者其他经济因素。只要你的目标足够明确，很多人都会帮助你。

什么才是明确的目标呢？**明确的目标是，不管对方是谁，对方是否认识你，他知道你之后，就知道你是有目标的，你要干一件事，要做的是什么。**比如要做一场活动，设定目标后的那一刻就开始行动，我用的词是"全力以赴一定完成"，我会快速思考这件事怎么做，大概做到什么程度，拆解出行动步骤，设定具体的规则、可衡量的标准、可执行的方案、活动起止时间等。

请问你知道我的明确目标之后，你是否愿意花一点时间来帮我达成目标呢？随着不断推进，会发现很多人愿意花时间帮助有明确目标的人。

比如，一个孩子出生之后，就有明确的目标——健康长大。他身边所有人都知道这个目标，都会帮助他成长，成年人会照顾他，一些人和一些事会为他让路。孩子生下来的那一瞬间，目标就很明确，所有人的目标都很明确——让他健康成长，尽管是无形之中的因素。当你有了孩子之后，会发现很多人愿意来帮助你。

如果做一件事情，有明确的目标，很多时候具体怎么做，已经很清晰了。假设有一个"财神"来到你家，他可能是投资人，也可能是很有钱的人，或者是潜在顾客，他问你："这个卖多少钱？"你为他们提供的是产品或服务。一般来说，定好了价格，人家会很爽快，买得起就买，买不起就不买。最怕的是，人家问东西卖多少钱，你说不知道。那他就不知道到底该给你多少钱。

要有明确的目标。当目标明确时，走在路上问路，会发现很多人会帮助你。

如何找到同行者

人的精力是有限的，如果你的目标远大，要干更大的事情就需要团队，需要合作。人跟人之间做事情最主要的是信任，没有几年时间，人与人的信任建立不起来。

有时候你也不知道到底组建什么样的团队，如果你所走的是一条漫漫长路，不如培养一个团队，大家一起成长，从 0 到 1 成长起来。一起成长起来之后，在遇到困难时大家可以一起解决，彼此之间的信任度也会很高，可以干更大的事情。当然，从商业的角度来看，这条路太长。从兴趣的角度来看，这条路值得走很久。

拿我自己来说，花了 4 年时间培养团队。我在选择同行者的时候，希望大家一起长期推进一件事情。我更倾向于选择长期主义者。短期主义者在长期主义者的圈子里一般很难坚持下去。不是说你是长期主义者你就是长期主义者，而是要真的去做，才能知道你是不是长期主义者。我们会有一些任务，大家在完成一个又一个任务的时候，就不会停留在短期层面，而是真正关注长期发展。

有一些事情做 10 年、20 年是很正常的。有人担心自己坚持不下来，完全不用担心，你在下定决心确定自己能做多长时间之前，需要一些时间来证明自己能够做到。

我们可以努力把一件看起来遥不可及的事情，变成触手可及的事情，这也是我们努力的方向。从细节出发，不仅能把事情做好，还可以把事情做得非常好。

比如语写项目，一开始完全不知道会做成什么样。我原本的计划是 2060 年可以把这件事情做成。我一开始下的决定，可能真的到 2060 年才能完成。随着技术和时代的发展，有可能到 2060 年做得更好。

在做的过程中，遇到过很多的困难，很多人认为你不行，但是我从来没有放弃过语写，而是把它当作一个机会。从 2018 年开始，才几年时间，我就找到了很多同行者。

把所有用来想的时间用来做，你肯定能做成很多事。

第三章

实践方法：关键行动指南

- 做事的态度
- 做事的方法
- 让时间增值百倍的 4 种方法
- 保持高效率的 3 个秘诀
- 加速成长应该做的 5 件事
- 如何养成价值百万的好习惯
- 打造持续稳定的现金流项目
- 穿越时空的 4 个建议

做事的态度

好好思考：我可以做什么

处在生存线以下，经常考虑的是吃饱睡好，处在生存线以上，经常想关于挣多少钱的问题。不管多么有才华，如果时间不够用，永远都实现不了你所期待的目标。

定下一个目标，可能需要用 15~25 年的时间才能达成。你是否会全力以赴地利用已有的资源呢？你的努力程度是否已经力所能及地达到极致了呢？每个人的成长进步和面对的环境可能不一样，但都要付出努力，也就是做体力活。"想"和"做"之间，最大的差别就是有没有做体力活。

如果觉得钱不够用，而你还有时间，就把 80% 的时间放在怎么赚钱和怎么花钱上。不能停留在过去的思维方式里，如果一直停留在过去的思维方式里，就无法接受新的思维方式。一定不要想"我不得不"或者"我不能"的问题，要想自己可以做什么来改变。如果始终觉得现状是不能改变的，你也不认为自己可以通过努力改变现状，就会觉得钱不够用。

好的思考方式是，"我是来解决问题的！"更好的思考方式是，

"我可以做什么？""我可以朝哪个方向思考，或开始行动？"

这些句子要在脑海中不断地念，也许短时间内并不会改变现状，但从长期来看，不断地暗示会给你带来巨大的改变。

把注意力放在"解决方案是什么""怎么做才会做得更好"上，不要总说问题是什么，因为过去就是过去，无法改变，我们能改变的是未来。

很少有人能立刻改变自己的命运，但是可以等待，可以先做能做的事情。就像周文王被关在牢里的时候，画出了 64 卦，才有了《周易》。

LV 的创始人路易·威登在 16 岁时，因为和继母的关系不好，离开家去巴黎。那时候他完全处在生存线以下，每天都要打工挣钱，才会有饭吃、有地方住，才能往前走。在完全没有钱的情况下，他每天工作 15~16 小时，努力抓住时间，尽量不浪费时间，不断努力实现自己的梦想。在一家店工作，每天工作 15 小时，工作了 16 年，直到 30 多岁时，才创立了我们现在知道的品牌 LV。

生存基础上求发展，拥有自由的时间才能创造价值。在时间够用的情况下，通过提升工作效率，才能真正做到发展。

定下目标后，就要去实现，如果不确定需要多长时间，可以定得宽泛一些，3 年、10 年、70 年，都是可以的。绝大部分人能定下 15~25 年的目标，就已经非常不错了。

如果定下了 15~25 年的目标，可以用同样的方法定下比较短期的目标，比如接下来 3~4 个月内要做什么，确定时间范围，写下目标，再写下实现目标需要的时间，最后会变成一道数学题，不断地计算时间，让时间增值。

把"想"落实为"做"

人与人的想法有很大的差别，但是人与人之间的差别不在于怎么想。你想什么，和另外一个人想什么，是无法比较出高下的，只有把想法变成行动，才会出现差别。你的确这么想，而且在这么做之后，会发现自己的收获特别大，这就是成长。

如果定了一个 15~25 年的目标，不要只是把目标放在那里，要去看自己已有的时间资源、金钱资源，看能不能用它们把实现目标的过程变成一个做体力活的过程，能不能从现在开始做。**做到极致，纯粹是体力活。**

每一个成长的人，在 3~5 年内没有成长起来没有关系，就像小孩学说话一样，只要想说话，就能学会。只要你做，早晚有一天能把事情做成。

如果想快速地成长起来，就要设定一个目标，不能说"我想做什么事情"。"想做什么事情"和"真正做成"之间有很大的差别。

从"想"到"做"，分为以下几个等级：

有人从来没有想过；

有人想过，停留在想的层面；

有人想过之后，停留在寻找怎么做的阶段；

有人想了之后，已经在尝试，尝试后有成有败；

有人想了之后，真的去做，而且做到了。

对于一个非常大的目标，你现在处在哪一个阶段？

真正落实到去做，可能不成功。我们做很多事情不确定百分百成功，但是做之前，尽可能把所有的成功方式都想一遍，并且列出具体怎么去做，如果还缺少哪一方面，就是没有想到，可以去请教专家。

《财富自由之路》里面讲道："为你的劣势找合作伙伴，为你的优势找教练。"相当于这个你不会，就需要找一位合作伙伴来弥补；如果这个你会了，就需要找一位领域内非常优秀的人来帮助你，这样你就可以尽快进步。有些事的确不会，可以去找教练，或者找更优秀的人帮助你。

很多人只是听了而不去做。从想到做，到真正想了之后做到，这之间还有很大的差距。

我们做所有的事情，一定是想过之后才能做到。以熬夜为例子，有的人熬夜不是因为有非常重要的事情，而是习惯没有改变过来。他觉得今天的事情没有做完，要赶紧做完，做着做着，不小心就熬夜了。对于很多真正善于思考的人来说，一件事情今天没有做完，会对余生产生重要影响吗？如果这件事情明天做没有影响，明天早上再做效率会不会更高呢？如果仔细想清楚，可能就不会选择熬夜了。

"认真"积累无数个"认真"

每天多努力一点，积累就多一点。如果努力只是平均水平，就会达到平均效果。如果稍微放松，就只有 80% 的效果，就会取得 80% 的成果。

你是否发挥了目前能力的 100%？如果发挥了目前能力的 100%，尽管可能不是那么完美，但努力是会被看见、被感受到的。看到一个人很努力的时候，是不是可以感受得出来呢？一个人在成长时，很多事情可能做不好，可能犯错，但你可以清晰地感受到他的努力。

一个人总是找借口和理由，很多事情是做不成的。做一件稍微有难度的事情，就要考虑更多的细节。认真做做不好，和不认真做做不好，两者之间是认知差距，和能力本身没有直接的关系。

我们的生活中会出现很多机会，可能是领导给的一次任务，可能是合作伙伴给的一次机会，可能认识一个新的朋友……有时候，只要你足够认真，抓住一次机会，就可以挣到钱，可以快速成长。

如果每年为公司贡献了业绩，或者一直很认真做事，那明年升职加薪的不是你，会是谁呢？如果每次机会都抓住了，生活不给你更多的回报，给谁呢？生活的回报，肯定是给那些在日常生活中倾尽全力的人，这是积少成多的认真。"认真"积累起来，就是无数个"认真"。

假如要参加考试，不知道会考到哪道题目，最佳策略就是把书上所有知识点都掌握了。换句话说，我们要做一件事，要尽可能多去实现目标，甚至超过目标线，达成目标的概率就有100%。当确定实现目标的概率能达到100%的时候，就一定能实现。

有志者，事竟成

做任何事情都要认真思考一下：在自己的生活中，这件事是否有助于实现自己的主要目标？爬一座山时，首先要知道爬到什么高度。如果爬山的时候不知道要到达什么地方，面对山上的很多条路，就不知道选哪条路。

如果在爬山之前，有一个明确的目标，两个小时内爬到山顶，那么路线的选择、爬山的速度都能确定。如果爬山的时候时间不确定，1~3小时才可以自主决定，欣赏这座山的风景和策略就会随时间不同而不同。

有明确长期目标的人，不管目标多大、多远，都会想办法实现。我在《语音写作》中写过一句话："人不会定下一个自己根本达不成的目标。"就像Space X刚成立的时候一样，它需要回收火箭，这是不是很难？在当年来说很难，现在也做到了。

人不可能定一个自己根本不可能达成的目标。也许目标听起来好像天方夜谭，但有志者事竟成。现在的科学技术，很多是原来从没想过的。比如人类进入宇宙，探索太空，现在也都实现了。

有志者事竟成，这个"志"，取决于你到底有多坚定，坚定的信念是事情做成的保证。

比如应聘工作，谈到一个月收入多少，不是说 10 年后给你多少。如果一家公司说以后给你多少，前面几年都不领工资，你愿意干吗？通常很多人会考虑一下。但是有一位很厉害的人，他为自己非常喜欢的老师做事完全不要钱，这个人就是巴菲特。他在大学刚毕业的时候给老师格雷厄姆打工，是不要钱的。

一定达成，全力以赴，人们会帮助有明确目标的人。重要的不是做多么遥远的事，而是做你手边能做的事情，力所能及地达到极致。

如果目标被提出来，就一定要实现。每天早上都是一个全新的机会，如果你没有目标，这一天就是普通的一天，如果你有目标，无论目标大小，这一天都会是很棒的一天。

如果一群人有一个共同的目标，大家就能在一天的时间内做成很多事情。

做事的方法

以做事为导向

《财富自由》这本书中讲了很多可投资资产有 100 万美元的人，他们中一些人的收入并不高，但为什么他们能成为百万富翁？因为节俭。那到底什么叫作财富呢？买入的是财富，花出去是消费，而收入并不等于财富。

看书的时候，我会看文字背后的行动。我喜欢把一本书从薄读厚，然后去做成一件事，不是单纯地做一件事情，而是在做事过程中挣点钱，接下来又会把钱花出去，又去做事情，那么这件事情就延续下去了。**以做事为导向**。

比如时间记录，做时间记录是非常不容易的事情。做了 10 多年，我教会一些人做时间记录，又投入开发了"时间统计 App"，然后不断地进行迭代升级，融入最新的理念。现在已经影响了上万人。

我们在做产品设计的时候，会涉及各种情况。有时候用户还没有想到需要某个功能，我们已经完成了，并且放在了合适的地方，用户需要的时候马上可以用。很简单的需求和很复杂的需求，用户可能只会感觉到细微差别。

比如，一天写 4000 字和一天写 4 万字，以及一天写 40 万字，需求是不一样的。语写 App 支持在一个文档中写 50 万字，只要每两万字保存一次，用户写完 40 万字都不会觉得太卡顿。在语写 App 开发出来之前，很多语写高手挑战 20 万字有难度，难度不在于 20 万字本身，而是 App 不支持写 20 万字，写的过程中总是碰到很大的困难。语写 App，设计的底层逻辑都符合语写训练方法。

赚钱理财也是一样的，一个月挣一万元和一个月挣 100 万元，理财需求是不一样的。

做事的几个原则

做事的时候要坚持以下几个原则：

一是，出发前，要知道自己做什么。

二是，做的过程中，知道大的方向对不对。

三是，在事情做到一半的时候，要及时停下来，问一问自己："我还在正确的方向上吗？"

四是，在事情没有达成的时候，要找更多的解决方案，而不是说："我已经尽力了，不去做了。"应该找更多的解决方案，任何事情只要你去做，就一定会有解决方案，只不过解决方案不同，有能不能承受的问题，大部分事情一定有解决方案。

短期目标和长期目标是两种战略，短期目标是用来达成的，因为达成一个个短期目标是实现长期目标的一种保证。

如果你在实现短期目标的时候不认真，在实现长期目标时就很容易不认真。认真积累起来，就是一连串的认真。

大家都听过简单、普适的道理，如果只是道理，那么它没有什么实际意义，一定要把它实实在在地应用到所做的事情上。做事的过程中永远会有困难和问题，有一些困难和问题在没有遇到的时候可能根本意识不到。但是不用怕，所有的困难和问题一定会有解决方案，如果能提前把事情解决了，就算做到最好了。

小细节决定成败。如果你在做很多事情时不注意细节，就会难以成大事。很多小细节在事情快要做成的时候是会决定成败的。

有时数量单位、小数点、数字等这些非常小的细节，可能会导致很大的损失。在公开透明的商业环境下，提交上来什么，就是什么，错了就是重大失误。任何事情在一开始可能都会遇到一些错误，也允许犯错，但是三五次之后还不注意，也不改正，就像一个人走到马路上不停地往前冲，前面有人也不愿意停下来，直接撞上去一样。

长度和强度

我们做任何事情，要从两个维度考虑：一个是长度；一个是强度。

先说长度。语写 5 小时不累,这是语写长度;直播 6 小时不累,这是直播长度;电脑使用 8 小时不发热、不发烫、不卡顿,这是电脑的使用长度。

再来说强度。在 6 小时的直播中,我提供了足够多的信息,并不在于语速的快慢,而是有效信息量很大,这是我直播的强度;你看直播,会获得很多内容,这是你看直播的学习强度,有时候看 6 小时的直播,觉得很轻松,但复盘时写不出什么内容,说明这 6 小时的学习强度不大。

你是否可以在所在领域的强度和长度上做得很高呢?一般把强度和长度做得很高的人,是顶级专业人士。

比如挣钱,一个项目收入 100 万元,但是对方没有说多长时间做完,也没说多大工作量,让你干一辈子,天天干,你愿意吗?如果有长度和强度,一件事情价值 100 万元,要是做得好,一个月可以做完,你做不做?如果你为了得到 100 万元,要投入 120 万元,那你做不做?但是对方又告诉你,这个月采购 100 万元的量,做好了,下个月再采购 100 万元的量,那你投入 120 万元,可以挣 80 万元,你做不做呢?如果对方再保证说,每个月都要采购 100 万元的量,连续 3 年都这样做,你是不是就愿意投入这 120 万元了呢?如果没有把强度、长度结合起来,光看金额和时间是不够的。一定要最大化地将时间的长度、强度弄清楚,有时候成本在长度和强度面前微不足道。

短期靠冲劲，长期靠逻辑

短期做一件事情靠冲劲，长期做一件事情靠逻辑。

长期做一件事情，是因为背后有一整套底层的逻辑，短期做一件事情，有时候冲一冲就可以实现。比如跑步 100 米或者几百米，大部分时候冲一冲可以跑完。但是跑马拉松，如果不准备好，就很难到达终点。

年轻人最大的优势之一，不是获取了多少财富，而是获取财富的方式，到底是长期主义者，还是短期挣快钱。没有说挣快钱好与不好，因为黑猫白猫，抓到了老鼠就是好猫。而在挣到快钱后，怎么守住这些钱及是否具有长期赚快钱的能力，才是我们要想的问题。

人在年轻的时候，挣钱的方式比具体挣多少钱更重要。因为人生是长跑，到后半段，也就是到了晚年人快要跑不动的时候，每个人不同的奔跑方式，才能决定此生的重量。有时候人在 60 岁之后才开始看到自己奔跑的样子，才知道遇到危险的情况时可以做什么，获得了哪些人的帮助。

关键方法的叠加

在一个领域能把事情做得很好的人，一定有他的一套方法。如果你知道这样一套方法，并且认真学习，还能将其迁移到其他领域，你进步的速度会很快。

用一套底层逻辑从 0 到 1 把一件件事情做成，并形成累积叠加。将所知道的理论变成更多人实践的基础，这才算有效。

语写，我做了 6 年，才开始教学。在我教授语写课程一段时间后，大部分语写学员的时间感受力都需要加强，于是我开始带领大家做时间记录。时间记录做了两三年后，大部分学员不再让自己的时间浑浑噩噩地度过，而想知道自己之前做了什么，翻一翻时间记录就可以看到。

有些学员做了两三年语写，很多人认为没有什么内容可写了，因为需要大量输入来支撑输出，所以我开设了阅读课。

我会在阅读完一本书后，将书放在一个地方，让自己冷静一段时间。过段时间后如果我还能够想起这本书，或者这本书为我带来了行动上的影响，又或者做成某件事是因为这本书的理念，就说明这是一本好书。我会推荐给大家，或带领大家进行共读。

对于一个产品的设计和思考，我通常需要花费两年时间才能完善整个体系和许多细节。比如时间记录服务和语写服务有所不同，我希望最后把时间记录和人生目标联结起来。在人生规划课里，我们可以为自己的一生写下规划，写清楚大概要做什么事情，如果我们没有记住也没有被提醒，可能就忘记目标了。

给"时间统计 App"加上倒计时，将人生规划和时间记录结合，才能确定什么时候完成指定目标。将目标放在那里，进行倒计时，每天更新，可以更好地了解自己处于什么阶段，为了完成目标需要做什么事情，还可以再探索得更深入。

写下昨天和今天最重要的 3 件事

如果你认为自己做事的效率不高，可以做一件事情：每天写下"昨天做的觉得最重要的 3 件事情"，以及"今天应该做的最重要的 3 件事情"。不一定是 3 件，也可以根据自己的情况多写一些。

为什么要这么做呢？作为一名知识工作者，更多的冲突不在体能上，而在大脑里。大脑中储存太多东西会变得比较混乱，**列出昨天和今天最重要的 3 件事，可以梳理大脑里的事项，明确哪件事是重要的**。

写这 3 件事的标准是什么呢？首先，最好有时间限制。比如"今天我要写作"和"今天我要花 5 小时写作"，哪个比较现实呢？当然是后者。有时间限制，事情会更清晰、明确。

其次，要更具体。比如"我今天阅读 50 分钟"就不如说"今天我要阅读《滚雪球》50 分钟"更具体。具体的事情更有指向性，大脑不需要思考，只需要按照写下来的去做就好了。

再次，需要思考"3 个一致性"。写这 3 件重要的事情，会有几个不一致的内容出现，我们要深入思考。

一是当天的一致性，也就是写出来的"今天应该做的最重要的 3 件事情"，和事实上完成的，或者说现在正在做的事情是不是一致呢？列出来的重要的事情，究竟做了没有？是不是现在正在做的事情？

二是短期和长期的一致性。从长期来说，如果某件事情对你很重要，但在昨天和今天的 3 件重要事情中没有长期重要的事情，那么它还算是一件重要的事情吗？

三是理念和行为的一致性。你所写的和你所做的事情，是不是理念上被认可的，并且想为之努力奋斗的一件事情？或者它是你完全不想做的事情？想做的和应该做的，是不一样的事情。

想做和应该做，是两件不一样的事情。想做是结果，应该做和做，是行动。比如你想成为亿万富翁，实际应该做的是提供价值。你想实现财富自由，应该做的是现在认认真真工作，做好手头上的每一件事。

想做的事情是一个期待，一个美好的未来，一个结果的画面，但是很多时候应该做的，是现实当中非常常规的、繁杂的、重复的、细小的行为动作。让你进步速度最快的不是"我想"，而是"我在做"这个动作。把自己能力范围内的事情做到极致，你就一定可以成长。

想做和值得做，是完全不一样的两件事。有的人认为，值得不值得做难道不是每个人自己评价的吗？值得不值得，不是关于评价方面的维度，而是比较客观的维度。

从比较激进的角度来看，你想做的事情不合规，事情就不值得做。从比较温和的角度来看，你想明年不上班，真的值得这么做吗？

又或者你对某件事情期望太高，可能必须要花费特别高的时间成本，可能在客观程度上来说就不一定值得做。你想给家人做一顿可口的饭菜，花几年的时间提高自己的厨艺，花的时间成本就太高了。

值得做的事情就一定是难做的事情吗？不一定，很多值得做的事情通常很容易被拆解，你觉得难做，很多时候只是因为你没有把它拆解到可以立刻去做的程度。

让时间增值百倍的 4 种方法

目标增值法

假设"增值百倍"是一个目标，目标量是百倍，要达成这个目标，一要积累，二要量化。

我们要先思考下，为什么要让时间增值百倍呢？可能对有些事情，你按照现在的效率去做，花 100 年都做不完，想要做完，就要让效率提升百倍，让时间增值百倍。所以，增值百倍，就是在未来一段时间，比如在 5~10 年内打下坚实的基础，再去完成原来 100 年才能做完的事情。

也许你会问，增值百倍是要在一年内做 100 年的事情吗？这可能吗？

我们需要对 100 倍进行量化，100 倍的单位是什么？是具体的数字 100，还是美好的愿望，比如 100 倍努力？一年做不到，10 年或 30 年可以做到吗？

1 元变成 100 元，是明确单位，是可以量化的；一分努力变成 10000 分努力，无法分清，不可量化。所以，我们在定下目标的时候，给自己定一个百倍的单位。

设定目标的方法是，先列出从现在到未来 30 年内，你想拥有、想做、想成为的一切。写下你想做到的每件事，大事小事全部都写下来，包括想去的地方，想要的物品、住处、体验、伙伴，想学会的技能，要做的事，要结识的人，还包括计划、慈善机构、健康、爱好等，不管是否能做到，都尽量写。

为你列出的每个目标，写下你希望拥有它们的原因和期待。比如想买一套房子，为什么想要房子呢？想在房子里做什么？住进房子后每天的生活是什么样的？尽量想象，还可以加入情节，这能让你拥有更清晰的目标，激发实现目标的力量。

接下来，做一本愿景相册，将列下来的每件事制作成一张图片，贴到相册中，一天翻阅两次，花 15 分钟想象你的目标的细节。

最后，去行动，找到现在可以马上做的事情，不论事情大小，只要能推动你接近目标，就去做。让你的每个行动带你实现目标。

让时间增值百倍有两个实现方法：一是让自己努力增值百倍；二是投资一个好的标的。还有两个可以马上开始的行动：一是找 5 个人或 5 家公司，了解他们在过去 3~5 年内通过自身努力增值百倍的故事。二是列一个清单，写出你想要、想达成、想拥有的事情，数量以 100 起步，5000 为上限，只写，不评判。

积累增值法

积累增值法包括两部分，自己的积累增值和他人的积累增值。

自己的积累，是指我们做任何事情都不是从零开始的，想一想在 10 年的长度上，自己想要在哪个领域去做持续积累，做什么事情可以让你在未来 10 年增值百倍以上。

以 30 年的时间长度去做持续积累，要学会充分利用自己的积累。相对长远的规划，有利于提升幸福指数。有时候人焦虑，可能是因为太闲了，把所有的焦虑时间用来做积累，可以让时间增值百倍。

他人的积累，是指增值百倍的经验可以从他人身上寻找。比如你现在翻开的这本书，你是从零开始阅读、学习的，但书的背后有很多人为此付出了努力，有作者、编者、设计者等，这本书经历了很多过程才来到你的面前。如果你看一本传记，是将一个人一生的经历展现在你的面前，可以从中获得他人用一生积累的方法和经验。

我们所见所闻所做的任何一件事情，都不能完全说是从零开始的。在大部分领域，已经有人做到了很高的水平。他人的积累是非常有价值的，在你想做的领域，找已经做到的人，问经验并直接用，可以缩短自己的一些路径，等于站在了巨人的肩膀上。

这也意味着，你必须要在某种程度上处于自由的状态。因为只有这样，才能看向外界，看到机会，才能马上行动、抓住机会。很多时候我们之所以错过了很多机会，或者说放弃很多机会，并不是因为我们做不到，而是因为我们太忙了，机会来了意识不到，也无法抓住。这也是本书中一直强调的：自由才能创造。

让自己保持自由，给积累到一定程度的自己一个新机会。

技能增值法

有时候，你会发现有的人能够跨领域做事，他们在一个领域里能做到极致，也能在另一个领域里做到极致，还能在一些领域里登峰造极。他们是将多个领域的能力叠加起来，让能力实现百倍的增长。

如果你所在的行业是"红海"，只能增长 3 倍，那就用叠加法，在一个方面增长 3 倍，再找一个方向增长 3 倍，3×3×3……一直叠加到百倍。比如做市场、运营、技术等，尽可能做叠加的事，这样在创业时才可以全部用起来。

当然，你在每个领域都要达到一定的专业水平，然后多领域发展，这样才能形成叠加效应。

创造增值法

创造增值法是最难的一种方法，也是收益最大的方法之一，它指的是一件事情从 0 到 1 被创造出来。

创新不是拍脑袋，不会突然出现，它是通过艰苦的努力得出的。比如语写过程中的一些灵感不是最开始的时候就有的，而是在写了 2~3 年后，随着技能逐渐娴熟，在突然想写某个主题时，之前一些灵感的突然闪现。

创造和创新，通常出现在专业领域内的专业人士之中，因为他们已经有了深厚的积累，也打好了坚实的地基。创新是从 0 到 1 的过程，只有付出艰苦的努力，才能享受收益。而一个新事物要想被大家接受，一般需要 15~20 年的周期。

让时间增值百倍还有以下 3 个建议：

一是前辈的经验可以直接用，通过拜师，把前辈的经验转换成自己的经验。

二是不断尝试，用尽一切方法和力量才可能增值百倍。基数小的增值百倍比较容易实现，基数大的增值百倍比较难实现。

三是持续耕耘才能让时间保持增值。创富容易，守富难。

保持高效率的 3 个秘诀

远大的目标

保持高效率的第一个秘诀：要树立一个远大的目标。

远大的目标，是指倾尽一辈子的时间也完不成的那个目标。因为完不成目标，所以需要想方设法地提高效率。

一辈子有多长？可以直接在自己的出生年份上加 100 年。假设 1989 年出生，加 100 年，也就是 2089 年，你的远大目标在 2089 年前能完成吗？

我们要注意两个要点：一是这辈子可能完成不了远大的目标；二是这个目标要有边界、可衡量，最好带上数值。比如到 20XX 年要阅读 1000 本书，完成语写 1 亿字等。

我们可以试着用数据来衡量目标是否远大。假设从 2022 年开始，到 2085 年要读完 1000 本书，每年读 16 本书左右；如果改成 10000 本书，每年阅读 157 本是可以实现的，那么改成 50000 本书呢？

我们还可以根据自身能力来衡量目标是否远大。假如你希望能在 2085 年完成语写 1 亿字，目前每年语写能完成 500 万字，那这个目标也算不上远大，因为目标还在力所能及的范围内。如果是 10 亿字呢？

正因为目标足够大，看上去不太可能实现，才要想方设法地提高效率，去思考如何才能实现遥不可及的目标。在实现目标的过程中，就不会再用原来的方法，而是开始创新，寻找高效率实现目标的方法。还可以去看看这个目标在历史上有没有人做到过，如果有，就学习一下他的方法。

很多人定目标只是选择跳一跳够得着的目标，能写下一个 10 年目标，感觉已经穷尽了自己的想象力。其实，**目标应该远大一点，我们要定一个几乎不能以目前的资源和能力达到的目标，然后不断地前进。**

具体的行动

保持高效率的第二个秘诀：要有具体的行动。

具体的行动，是执行的过程，把目标拆解成每一天的具体的最小行动。

具体的行动，要明确具体怎么做。比如每天一小时完成语写一万字；每天日更一篇文章，字数最少 1000 字。这些具体的行动，需要我们每天去执行，一步一步地走向目标终点。

具体的行动，还要明确什么情况下不做。提前预测风险，比如人疲惫、生病的时候怎么办，有没有替代方案呢？提前思考，做好准备，风险来临，就有应对方案。

绝对的标准

保持高效率的第三个秘诀：要有绝对的标准。

绝对的标准是稳定的表现。有了远大的目标，每天都要去执行。每次的具体行动，都要按照标准去完成。

比如语写训练，每天完成标准是一小时完成一万字，这个绝对标准就是帮助我们自己高效率地执行。如果一小时完不成一万字怎么办？要复盘是什么原因，然后改进。

设定绝对的标准，每天一定要在某个固定的时间段去做，在某个时间点内完成，不能低于这个标准。

在这个过程中，也要考虑风险和长期收益。100 天或 21 天计划，因为时间太短了，如果中断了一两天，完成的百分比波动就会特别大，就很容易放弃目标。如果把周期拉长，比如 30 年或者 50 年，考虑到可能由于生病或一些其他的特殊原因，中断了几天，没有达到百分之百的完成率，但是在绝对值上还是完成了很多。

虽然远大的目标在执行过程中可能会暂时中断，但是我们要相信自己一定会实现，要持续不断地努力。

　　高效率的核心目的是实现远大的目标，因为无法做到，所以要拼尽全力提高效率。核心动力有了，然后就要掌握提高效率的方法，它可以帮助我们在有效的时间内尽可能快地接近我们的远大目标。

加速成长应该做的 5 件事

加速成长可以做的 5 件事是，赚钱的事、防风险的事、有积累的事、养身体的事、处关系的事。

做赚钱的事

你目前在做的能赚钱的事，是不是很稳定？只有稳定才能发展，只有在生存的基础上，才能求发展。

我们做的事，不仅是做赚钱的事，还要将它与后面的 4 件事情联系起来。也就是说，这件事要能赚钱，风险不高，长周期有积累，养身体，促进关系，5 个方面，整合统一。

做防风险的事

赚钱的事情，风险不能太高。这个道理大家都懂。

我们在做事的时候，虽然不能预料到所有的风险，但大部分的风险是可以预想到的，并能提前制定预防风险的方案。

防风险的标准是，考虑自己状态最差的时候是否可以持续做要做的事情。在自己状态不好的时候还能做的事，与在环境不好的时候能够继续做的事，才是我们要挑选的事情。

日常防风险能做的具体行动包括购买保险、预防意外和暴力。购买保险，是为意外做好准备。意外和暴力会导致意外发生，我们可以采取一些措施进行预防，比如运动前先热身，如果长期不运动就不要突然做高强度运动。

做有积累的事

做有积累的事情，是加速成长最基本的原则之一。

有积累的事，不是从现在开始的，而是在过去几年就一直在做的事情，现在继续积累，以后也会继续积累。我们要选择对后面的人生有积累的事，就像存钱一样，越早越好。比如我们现在都离不开手机，你可以提前熟练掌握各种长期使用的电脑操作技能，在手机上练习双拼输入法或语写技能等。

为什么要大量、快速地写作呢？因为人在年轻时想法多，比较天真纯粹，有许多天马行空的想象，把这些都写下来，随着年龄的增长，自然而然地就会开始锤炼自己的想法，然后慢慢去落实，找到自己喜欢且有价值的事情。

提高效率，会成为一种技能，不一定要持续保持高速，很多技能水平下降的速度不会很快，长期来看它们都是有效的。

重要的事情，一天不做可以，10 天不做可以，一年不做呢？3 年不做呢？对于有积累的事情，我们每天都要做，虽然在某些阶段你可能很忙，但是忙完后要尽快回归。

做养身体的事

健康是极其重要的，无须多说。但是有没有做到呢？在一年 8760 小时中，有没有留出时间做养身体的事呢？

你可以做自己喜欢的运动，确定运动的时间，比如每周做运动 2~3 次，一次一小时，一年就有 150~200 小时，把这部分时间利用起来。

尽量不要熬夜，早上可以睡到自然醒。入睡前计划好第二天早上几点起床，生物钟就会更加规律。还有，一定要在身体感觉疲倦之前，就去休息。

做处关系的事

关系涉及对内和对外的关系。做事时，我们要考虑所做的事是否有利于促进关系。

对内关系是指与自己、家人之间的关系。与自己的关系，要做到自尊、自爱、自强、自信。与家人的关系，包括与父母、爱人、孩子的关系，这需要我们花时间去建立和谐稳定的家庭关系。

对外关系是指与亲戚、朋友、同事、合作伙伴、周边的人、社群伙伴等的关系。

在生活有变动的时候，我们要多考虑时间成本，省下时间来促进关系。比如在换工作的时候，大多数人考虑的因素是收入是否增加、职位是否更高，但是把时间成本考虑在内的话，熟悉新业务需要额外花时间，估计可能需要半年时间，在这段时间里家庭成员的关系是否会有变化？如果有新的家庭成员诞生，或者家庭成员身体不好需要照顾，就要考虑其中的时间成本。

可能还有交通时间的变化，我们的工作时间并不仅仅指从上班开始到下班结束的这段时间，还要考虑交通时间和所有与工作相关的时间。交通时间增加了，其他时间就会减少，这也是时间成本。

生活有变动，就要考虑时间成本，要尽量保证陪伴家人、促进关系的时间。

如何养成价值百万的好习惯

我们不讲具体的某个习惯，而是分享养成价值百万习惯背后的逻辑，什么样的习惯是一个好习惯呢？养成好习惯需要遵循哪些原则和法则呢？如果你掌握了养成好习惯背后的逻辑，那么你可以在人生的其他阶段用这套逻辑去培养所有习惯。

价值百万的好习惯有 5 个维度：高认知、低成本、真有用、硬功夫、十年功。

高认知

什么是高认知？

价值百万的好习惯的第一个维度是高认知。**所谓高认知，是指你想要培养的习惯，在历史上也有成功的案例，这些人已经取得了一定的成果，并且告诉你这条路是对的。**

要养成一个好习惯，不是自己从零开始去培养这个习惯，而是去看历史上已经做到的人，看他们是如何养成这个好习惯的。也不是从零开始培养全新的习惯，这个习惯的载体不一样，表现形式就不一样，但在历史上，一定有人做到了。而且这个人不是简单地做到，是用一辈子做到，他达到了一个顶峰，达到了非常高的高度。

比如写作的习惯，阿西莫夫和所有在写作上取得成就的人，证明了写作这件事情对一个人是有帮助的，并且也证明了写作是一个好习惯。从现实角度来说，很多人能够通过写作来养活自己。

再如时间记录，柳比歇夫在一生当中花了 56 年去做时间记录，并且取得了一定的成果。他证明了时间记录是有效的，这个方法是可以取得一定成果的，是有用的。

当你不知道这个习惯是不是好习惯，或者不知道怎么去养成好习惯的时候，一定要找一个这样的人，找历史上已经做到的人，看他取得了怎样的成果。

如何找一个榜样？

最好找一个比你大 100 岁的人。如果比你大 100 岁的人能取得成就，那么从 100 年这个维度上来看，他已经取得了一定的成就。比如《奇特的一生》的主人公柳比歇夫做了 56 年时间记录，他于 1890 年出生，刚好比我大 100 岁多一点。他用 56 年证明时间记录这件事情是有用的，是有帮助的。

现在的关键点是，要养成一个习惯或者去做一件事，是不是找到了一个这样的人，一个这样的对标人物？他在你所在的领域已经达到顶峰了吗？

只有极少数的领域是全新的。如果你所在的领域是全新的，那么这个领域里很少有专家是在年轻的时候出名的。大部分人在成为专家或做创新项目的时候，都已经到了人生的后半段。因为一开始需要打基础，他们要掌握或建立全新领域的基础知识体系，才能够去创新。假设你全部从零开始，可能在你人生的前半段，甚至前 50 年或前 60 年都是在打基础。

可以尝试找一个比你大 100 岁的人，不一定就是 100 岁，比你大 90~110 岁的人都可以。甚至可以找比你大 200 岁、500 岁的人。

只不过找一个比你大太多的偶像或者名人，要考虑的因素会更多一些。

第一，如果找的榜样比你的年龄大太多，差好几百年，他所处的时代背景和我们的现实差得比较远，有可能他不会成为一个非常有效的对标人物。如果与这个人相关的事迹和生活素材不全面，那么对事实的调研难度会比较大。两个人的时代相差太远，可能会学不下来。

第二，时代相差太远，做事情的方式和量级会不一样，没有参考性。最好是选一个所处时代离我们比较近的人。

如何模仿学习？

选定一个历史上的对标人物之后，学习什么呢？是学习他的成就吗？不是，**要仔细去学习他的生活**。

当我们对哲学感兴趣的时候，不是先去看这位哲学家的书籍，而是看这位哲学家的生活，看他的八卦。其实八卦不一定是具体的八卦，而是一些生活中的小细节或小故事。

当找到一个对标人物时，他在你的生命中是鲜活的，你会感觉他是一个人，不只是一个名字。你知道他在一生中做了哪些伟大的事，也知道他在生活中是一个什么样的人。

他在生活中也有烦恼和困扰，他在成长过程中也遇到过困难，他也是一个生活中的人。要去了解他如何处理烦恼和困扰，如何克服成长中的困难，如何在现实生活中依然取得巨大的成就，如何在非常艰难困苦的岁月里坚韧不拔、奋斗不已，如何用一辈子来做一件事并做得很不错。要去找这些素材，去收集这些数据。

总结一下关于高认知。

第一，有历史的成功案例。

第二，有信仰。找到的对标人物做到了某件事，你觉得这件事非常不错，那这时候你要不要去做这件事呢？关键就看你对这件事情相不相信。

你所做的事情，一旦被拔到很高的高度，才会在以后遇到困难的时候，艰苦卓绝地向前走。

虽然我们写的是价值百万的好习惯，但这个"价值百万"是一个虚值，后面没有写单位，如果是"元"还比较容易达成，如果是"亿"是不是就不一样了？单位越大，意味着你所付出的努力越大，对一件事情的相信程度越高。

要从长周期的维度去衡量你所做的事情，榜样对你是有用的，哪怕没有任何收益，你也会相信你所做的事情，然后去做、去行动，因为你已经在历史上找到过一个成功的案例。

在养成习惯的过程中，不能心血来潮了就做一下，状态不好就不做了，更不能做了 3~5 年后就直接把一个好习惯放弃了，一定要做得足够长期。

长期是多长？我们可以从 50 年长度思考一下。

低成本

一个价值百万的习惯要低成本，要容易启动、容易做、容易坚持。

第一，容易启动。

不管是语写训练还是时间记录，它的启动成本是很低的。语写训练标准是一小时一万字，但由于现在人的生活节奏比较快，不可能做到一小时语写一万字，但可以把时间分散在一天内，凑齐一小时去写一万字。

语写是一种生活方式，只要你有时间就可以启动，暂且抛开刚开始是否写得好，启动语写这件事的成本就很低，低到几乎可以忽略不计，低到大部分人都可以接受。

第二，容易做。

一个好习惯做起来，没有遥不可及。当你想养成一个价值百万的好习惯时，是不是不知道从哪里下手？如果你想养成一个好习惯，并且觉得这个习惯非常值，值得投入很多时间，但你不知道从哪里开始下手，就说明这个习惯和你还没有直接关系。

一个好习惯必须容易做，不管什么时候，都可以去做与这个习惯相关的事情，哪怕只有一点点时间，也可以行动，可以马上去做。

第三，容易坚持。

如果想养成一个好习惯，它至少是容易坚持的，不需要付出太大的努力也能一直做下来。这样它才能成为你生活中的一部分，不会耗费意志力，你自然而然地就能做到。

比如跑步，如果是在室内跑步还好，如果是在户外跑步，就很容易受到各种天气因素的影响。跑步是不是一个容易坚持的习惯呢？天气好容易坚持，天气不好的时候有可能不容易坚持。

作为对一个习惯的培养者，要学会拆解习惯，确定它在什么情况下容易让人坚持。比如，可以把跑步分成室内跑步和室外跑步。天气好，在室外跑步；天气不好，在室内跑步。天气好和不好的判断标准，可以再细化一下，比如风速、温度、天气状况等，一一写下来，写一个列表。这个列表就是你的原则，只要看一下天气预报，知道今天风速达到多少级，温度低于多少度，就知道今天适不适合在室外跑步。把各种天气因素、环境因素分析好之后，再去跑步，事情就变得容易了。

坚持不在于状态好的时候是否坚持。状态不好的时候还能坚持，就说明你的习惯是真的坚持下来了。不能因为今天心情好，状态不错，这个习惯就坚持得不错，状态不好就不坚持了，这样不行。

真有用

好习惯的第三个维度：真有用。

第一，对自己有用。

如果一个习惯真的很有用，首先要对你自己有用，它才能对生活有帮助。

第二，对其他人有用。

一个真正的好习惯不会给其他人带来困扰，甚至会因为你变好，还能帮助到他人。

有的习惯，一个人培养它的时候很舒服，但会给其他人造成困扰，那么这个习惯就不能长期坚持。一个好习惯，必须要符合公序良俗。

第三，能拆解。

一个好习惯，在某种程度上，它是能够被拆解的，既可以有小用，也可以有大用。可以把它用在很小的地方，也可以把它用在很大的地方，它要能上得了台面。

比如语写技能，发朋友圈可以用，聊天可以用，写文章也可以用。既可以把它作为自己的深入练习、深度复盘工具，又可以用它深度思考、情绪梳理等。

第四，能分享。

一个好习惯最好是既能分享给他人，也能影响他人。他人觉得培养这个习惯之后，是真的有用，才愿意继续分享。

第五，能增值。

能增值讲的是有积累。

好习惯的增值从一开始就有，你能明显感受到它的好处。当这个好习惯进入到生活中时，你是在成长的，会有明显的感受。好习惯一定不是那种"其实我也不知道有什么用"的习惯。如果不知道它有什么用，就没有明白好习惯自身的意义。

好习惯在长期积累之后，会出现一个陡增曲线，语写就是这样的习惯，你可以在很短的时间内感受到语写所带来的好处。尽管刚开始你说不出这种好处是什么，但能感觉到自己的成长，将习惯长期坚持下来会有巨大增值。

第六，有市场。

如果要养成一个好习惯，这个习惯对你自己、对他人都是有帮助的，好习惯能够被分解，从 0 到 1 做出来，好习惯能被分享，能增值，至少在某种程度上是有市场的。

这个市场又该如何来界定呢？可以看看比你大 100 岁的对标

人物所做的事情，以及他一辈子活得如何。

第七，能成功。

养成一个好习惯，你能确信，如果一步一步地走，它能成功，它对你是有帮助的，这种帮助不是一般有帮助，而是特别有帮助。

高认知里面说到，相信好习惯一定有用，而且能使人成功。

有市场能成功，还需要从 100 年的长周期维度上进行衡量，这个习惯是真的有用，不是一个风口，吹过了就没了，而是从长周期维度上看值得去做，成功率很高。人生就这 100 年，用一辈子去做，能不能做成，不是靠运气，而是历史上已经证明它能成，并且 100 年前有用，100 年以后也有用。

硬功夫

硬功夫可以从 3 个角度拆解：能打、能创造、能考验。

第一，能打。

养成一个好习惯，是一种硬功夫。硬功夫一定是非常能打的。所谓的能打，是你用数据证明一个好习惯是你练习出来的，是用真功夫练出来的。

一个价值百万的好习惯，是可以被复制的，有市场并且能成功。而硬功夫是能打的"数据"，这个数据可以被还原。

还原是什么意思？就是你的好习惯、你的数据可以被分享出去，其他人可以按步骤一步步练习，做到和你一样的程度。

一个不认识的人看到你的数据，或几百年后突然有人看到你的数据，像是得到了一本武功秘籍一样，他可以和你一样从 0 到 1 把事情做到极致，而且做得很好。这就是能打、能还原、能复制。

第二，能创造。

创造什么？创造好习惯。一个好习惯应该是从 0 到 1 开始创造的，在做事情的过程当中，给其他人提供了帮助，并且不影响他人，这一点特别重要。

你用到的所有资源是你已经拥有的资源，你的时间、你的意志力、你的精力、你的能力、你的金钱、你的认知、你的勤奋等，这些都是你的。你没有用到别的资源，也没有浪费资源。用到的都是低成本的资源，并且是能够创造出价值的资源。

你是在做一件事，不是在消耗资源，而是在增加资源。你不仅在增加资源，而且还用比较低的成本让增加的资源在长期维度上获得增长。

比如写作，安安静静地写作，不打扰别人，也不影响别人。写出来的东西不仅对他人有用，还能经得起时间的考验，这点特别重要。不管在什么时候，你所做的事情都会有人不理解，虽然他们不知道你在做什么，但你可以保持沉默。

做某件事时不要想那么多，虽然过去有人做过同样的事情，且取得了成功，但你要相信自己做的事情是对的，是经得起时间考验的。

第三，能考验。

好习惯在长周期的维度上，经得起考验。

好习惯的基本规则是什么？不是今天心情好就做，明天心情不好就不做。好习惯在长周期的维度上要经得起时间的考验，你认为一个习惯是有用的，才会愿意去坚守。即使状态不好，也愿意坚守并做到。

寻找一个好习惯，或者自己创造一个好习惯是很难的。我一般建议大部分普通人不要自己从 0 到 1 创造一个习惯，而要去找历史上已经存在过的且还不错的好习惯。

读到这里，你的脑海中有没有构造出一个好习惯呢？如果还没有，就可以暂时停下来把前面讲的几点再复盘一下，如果你已经在脑海中勾勒出一个轮廓，我们就继续往下看。

十年功

如果一件事情值得做，那么至少值得做 10 年。

你可以试着回答下面的几个问题：

（1）在过往的学习当中，你是不是参加过 21 天的训练营？

（2）在短期所做的事情中，是否有值得做 10 年以上的？

换个说法，参加训练营的目的，是不是为了让自己在参加训练营的时候就决定做 10 年，并让自己在接下来的 10 年重新启动另一件事？

如果一个好习惯值得养成，那么至少需要 10 年。

既然养成一个好习惯需要 10 年，那么我们梳理一下时间。10 年有多少天？10 年是 3650 天。事实上不是，10 年是 3650 天加 2 天或加 3 天，也就是 3652 天或 3653 天，因为 10 年里至少有两个闰年。5 年有多少天呢？5 年有 1826 天或 1827 天。

当我们认为一件事情值得坚持 10 年时，可以换一个说法，说这件事情值得干 3652 天，或者这件事情值得干 3653 天。一个习惯，每天都要坚持，坚持 5 年，就是坚持 1826 天或坚持 1827 天。

比如想养成冥想的习惯，要把持续冥想的时间维度加上，坚持 10 年，也就是 3652 天都会持续冥想。每次冥想的时间周期是多长呢？是 15 分钟，还是 30 分钟？还有在哪些特殊情况下不做冥想呢？要把能考虑的情况都提前考虑到。

做任何事情都需要花时间，一定要把数字算清楚。比如要做 5 件事，这 5 件事需要花费 8760 小时，便会发现怎么也做不完。因为一年时间也就 8760 小时，还要有睡眠时间、休息时间、生活时间等。如果要把事情做完，就要把这 8760 小时的事情放到更长的年份中，比如在两年或三年做完。又或者放到 10 年的长度上，时间总量多了，用其中一部分时间做事，成功概率会更高。

三年磨一剑，五年尽一事，七年勤耕耘，十年可破圈。一件事，做了 10 年，慢慢就会被很多人知道，他们会认为你比较靠谱，一直在这个领域做。当他们有需要的时候，第一反应是你在哪里，需要找你解决问题。

不去想接下来 3~5 年自己要做什么，而是要想接下来 30~50 年自己要做什么。因为只有往一个方向努力，你的时间才是不断积累的。一件事情，做一天和做 3652 天，你付出的努力、拟定的规划、做事的方式，都是不一样的。

正因为这种不一样，你才会变得与众不同。如果你和其他人都采用一样的方式做事，过了 5 年之后，又要重新找要做的事。每过 5 年，每到一个阶段，都要重新找自己要做的事，那么人生会过得很不容易。

最好是从现在开始，就制订一个 50 年计划，努力培养一个好习惯，做一件事，选好之后坚定地往一个方向努力。尽管这件事可能不一定 100% 是对的，但是它值得去探索，一定是因为过去有人做到了。有人已经花了一辈子的时间去验证做过的事情，我们再做，成功率会高很多。

多习惯养成的方法

现在你的脑海中有没有勾勒出一个好习惯呢？这个好习惯不是从 0 到 1 养成的，它一定在你的日常生活中出现过。当你想起这个习惯的时候，你对它的认知有没有产生一些变化呢？从现在开始，只要有时间，就可以去培养这个习惯。

你还可以做个规划，在接下来的 3652 天或 3653 天中认真地去做这件事情，确定每天投入多少时间，安排在哪个固定时段，具体的行动是什么……短期内可能没有太大的变化，但坚持下去，你会有巨大的收获。

注意，这里所说的价值百万的好习惯，百万后面没有单位，单位不是"元"，如果它后面的单位是"亿"，你会发现这件事情变得不一样了。重要的是不再局限于自己，你会去想自己的未来、身边的人，甚至整个社会，你想在所有时间轴中找到你自己的位置，知道自己在扮演一个什么样的角色。不会再单纯地说"这个习惯要不要养成"，而是说"不仅自己可以养成一个习惯，还能影响别人养成一个好习惯，自己也能慢慢变成一个有影响力的人"。

一个习惯，一定是你喜欢的，否则，你在时间长度上是坚持不下去的。一个好的习惯会成为你生活中的一部分，就和吃饭、睡觉一样。好习惯是可持续的，培养一个好习惯，就有责任将中间可能发生的重大变化处理好。

如果想养成多个价值百万的好习惯，就要看这些习惯会占用你多少注意力，如果它们占用你的注意力比较多，好习惯的养成就要循序渐进。当前一个习惯已经完全融入你的生活，不需要你倾注注意力的时候，再去养成下一个价值百万的习惯。

　　如果同时有好几个习惯占用着你的注意力，它们会互相拉扯你，你就必须做出选择，只养成其中一个好习惯，再养成另一个好习惯。虽然这样做周期会长一点，但成功率很高。任何一个进入你的生活的习惯，最好是能持续很长时间的习惯。如果它真的需要持续很长时间，最好不要占用你生活中的时间。

打造持续稳定的现金流项目

这句话有 5 个关键词：打造、持续、稳定、现金流、项目。

打造

打造是面向未来的从 0 到 1，是还没有做的项目，是打算去做，是一种对未来的期待，是一件要去做的事。既然打算去做，就说明这件事情还没有做，并且不容易做。你只有想清楚要不要做，才会为此打下基础。

如果确定要做，那么一定要从时间轴上考虑清楚：这件事情要做多久？做到什么程度？花多少精力？是不是值得一辈子去追求？经过一辈子的努力是可以达成的吗？还是努力一辈子也达不成？

持续

关于持续，要看过去做得最长时间的一件事，这件事可能会体现你的优势，一定要深入挖掘。你过去做一件事最长持续的时间是多长？一般来说，能持续 3~5 年，说明你对这件事情的意向度还比较高，可以继续深耕。

大部分人做一件事持续两年以上可能就出现了懈怠，两年以上还在持续的人不多，还在继续的是因为热爱。

稳定

日常的稳定是基础。稳定是指哪怕状态不好，条件不足，还依然保持稳定，这是专业人士具有的特征。

我们不追求完全的稳定，偶尔也要挑战自己的极限，让最高水准成为最低的稳定点。比如让最高收入成为下一个月的最低收入水准。

现金流

良好现金流的状态：小钱天天有，大钱经常有。

在生存基础上求发展，不要在生存线上还在求生存，要求发展，要变得更好。

现金流要考虑具体的时间单位是天、月，还是年？

如果对现金流的需求巨大，就要考虑时间周期范围。比如，一年可以调动 1000 万元，那么 10 年调动 1 亿元。1000 万元和

1 亿元可以做成的事情不一样。

比如，有人希望在一年内取得超过过去 18 年收入的总和，那么做事情的方式需要调整。为了达成这个目标，需要置换资源或积累时间，需要更详细的规划。

项目

到了一定年龄段，就要发挥自己的优势，做看起来不一样的事，但是这件事所属的领域必须是自己已经耕耘过、长期沉淀的领域。

如果不知道做什么，就和一些很久不联系的同学或朋友聊一聊。

项目前期需要你全力以赴，但在创业 10 年之后，如果还在亲力亲为做所有的事情，你要反思自己做事的方法。如果还没找到合适的项目，就试着把力所能及的事情做到极致，做到真正的极致。

穿越时空的 4 个建议

4 个穿越时空的建议，引发你对长期主义的思考。

做到极致

把写作做到极致。

如果所有的时间都用来写作，写作就会融入生活。

如果你不知道做什么，可以语写，随时随地可以语写。你的生活模式和生活状态都可以因为写得更好、更长久，而变得更优秀。因为在写作过程当中，你所做的事是穿越时间周期的。

把规划复盘做到极致。

每过一段时间，我会把接下来几年的规划做一个全盘的梳理，复盘之前的规划。什么意思呢？我会把已经做了的规划再复盘一下，而不是重新做一个规划。

实际上我们现在所做的事情，是给未来做一些积累，同样，过去的事情也是为现在积累，甚至为以后积累，而对过去的积累，重新复盘可以为你带来帮助。

并非重新启动一个规划，而是复盘未完成的规划。

长期合作

我喜欢和认识了好几年的人合作，大家彼此熟悉，合作起来沟通成本低。为什么需要几年的时间呢？因为大家认识了几年时间，在合作时大家会互相支持，共同成长。一起成长、一起共患难的人，合作起来会比较容易一些。

同时我也会不断地认识一些新的优秀伙伴，把他们作为未来的盟友。因为在时间长度上你可以更好地判断自己与对方做事是否同频，做事风格是否一致。

在时间长度上的合作不用太着急，一旦合作，合作会非常深入。做事情慢慢来，可以打败 90% 的人，最怕的是事情做着做着，就不去做了。

如果你具备了一些能力，就应该把这些能力发挥到极致，而不是告诉大家："我有这些能力，但不去做与这些能力相关的事情。"你应该把自己的能力发挥出来，发挥到极致。

可以每天花 3~5 小时进行专业技能的训练。注意，我说的是专业技能。

多多拍照

这是一条很值钱的建议。我喜欢拍照，已经拍了不下 10 万张照片。

拍一些经典好看的照片。好看不在于真的"好看"，而在于当所有时间串联起来时产生的故事，很"好看"。

有规划地拍一系列照片。拍很多时间长度上的照片，能够看出时光的印迹，可以见证你的成长。

看到了这里，拍照片试试看，不要等到以后。

拍一张照片留住时光，这可是你年轻时的样子。

多做直播

为什么要多做直播呢？直播会让你快速地思考。你在台上，不得不快速地思考。在直播互动过程中，当观众提出问题时，你必须迅速反应，给出答案。直播是一种思维能力的练习，更是一种无止境的技能追求。

刚开始直播的人不要怕做不好，因为本来就没有什么流量。如果你总是怕自己做不好，估计很快就做不下去了。如果你做得好，大家会为你鼓掌。

所有拿得出手的东西，都是由幕后的默默耕耘获得的。

第四章

进阶发展：释放无限精彩

- 成为你想成为的人
- 创造生活的种种可能
- 持续成长，去看到更大的世界
- 展现你的梦想
- 打造你的个人品牌
- 规划你的人生
- 用有限创造无限

成为你想成为的人

你想成为什么样的人

你能成为什么样的人，取决于你想成为什么样的人，而非你真的是什么样的人。

关键在于"想"字，一种只是想想，并没有真的一定要做。一种是仔细想，想得很清楚，有了清晰、明确的行动路径。

以买房为例，在没有买房的时候，可能会觉得自己没有能力买房。当准备买房的时候，会发现无非是选择大户型还是小户型，是买新房还是二手房等一系列问题。房子的价格有比较高的，也有你能承受的，虽然有选择，但最终取决于如何选择。

如果你想买房，没有去楼盘看一看或没让中介公司带你看一看，你就不会知道市场的实际情况，就不会知道自己能买什么样的房子。只有实地考察并获得一系列数据后，才能确定自己的目标，知道要买哪里的房子、房子的基本情况和价格如何、自己的资金够不够，等等。

如果你看中的房子需要 1000 万元才能买下来，而你手上的资金只有 500 万元，那么你距离目标还差 50% 的资金。你可以盘点未来两年的收入，估算一下，如果努力两年，50% 的差距能够缩短多少，如果能缩短到 30%，是不是可以向身边的人寻求一下帮助呢?

如果能将自己的行动路径明确成具体的数据，比如从什么时候开始努力，拼尽全力取得什么成果，并且让每个人都能看到，那么肯定有人愿意帮你。

再举个例子，在电商平台买一样东西，价格、颜色、尺码、数量、收货地址等都是需要一一明确的。只有订单信息足够清晰，并且都是真实的，卖家才愿意把货发出来。买东西都是明确、清晰的指令，可能买贵了，也可能买便宜了，但是没有一个指令不清晰。

在一生中，大家都要有一个明确目标，每天做什么事情，每年做什么事情，都清晰可见。力所能及地把自己能做的事情做到极致。根本不需要做那些你虽然想做，但是不知道怎么发力的事情。只要把今天能做的做到极致就好了。

想成为什么样的人，就能成为什么样的人。你想成为积极的人，就能成为积极的人。你想做出一点成果，就能有一点成果，这个成果一定是数据化的。想一年写 1000 万字，就能写出来，能找到很多方法。想做成什么事，一定能找到方法，一定可以找到专业人士，让自己少走很多弯路。

你想成为什么样的人，就能成为什么样的人。不管你想成为积极的人，还是想成为早一点睡觉的人，在你发出明确的指令后，做出清晰的计划，调整自己的生物钟，所有人都会来帮助你。坚定的信念是事情做成的保证，人们会因为你的热情而追随你，会因为你非常清楚地知道自己想成为什么样的人，而愿意跟你一起前行。

你想成为什么样的人，就能成为什么样的人。"什么样"需要你自己定义清楚。你想成为早上 7 点之前起床的人，就能成为早上 7 点之前起床的人；你想成为在生活中积极、乐观、向上的人，就能成为在生活中积极、乐观、向上的人。

"想"的程度取决于你的信念。

成为"什么样"的人，一定要和生活实际结合起来。你想一直保持学习的心态，就能拥有好奇心和进取心，就能充满热情、乐观、专注、勤奋。

充分相信自己可以变好

我充分相信每个人都可以变好，如果没有变好，就是还没有打算变好，一旦主观意愿足够强，那就是变好的时候了。如何才能感受这种变好的意愿呢？聊天。当你和一个人打电话聊天时，就可以感受到他的生命状态，感觉到他对自己的生活是否满意。

有人说："我就是不知道该怎么办。"也有人说："虽然我不知道怎么办，但我正在努力寻求突破，我已经做了一些事情，有了一些进展。"后面的这种想法才是主观能动性觉醒的生命状态。

我们要做一个主观能动性比较强的人，做一个积极主动做事的人。有一些人虽然在做事情，但不够专注。老师布置了一项作业，他做完了，但没有成果。为什么？因为他是顺便做作业，并没有全力以赴地做作业。在做事的时候，我们要将所有的力量都集中在要做的事情上，积极主动在任何时候都适用。

积极主动，是倾注全部的注意力、全部的力量主动地做一件事。一件事做完只需要一小时，高手是在其余 23 小时思考这个任务如何完成、如何完成得更好。这就不是一小时在奋斗，而是一天 24 小时在准备，睡觉的时候人的潜意识也在运转。

睡觉之前，你可以先提出几个问题，睡觉的时候，潜意识会一直运转，你醒来之后，也可以重新思考当天的目标、专注的任务和专注的时间长度。

有的人努力一阵子没有效果，就想放弃。有的人努力很长时间，没有效果，但自己排除了那些不正确的方法。比如爱迪生改良电灯泡尝试了数千次，他说："我没有失败，我只是发现了很多种不成功的方法。"

倾注全部力量把一件事情做成，生命的力量是可以被感觉到的。你在生活中有没有热忱，其他人是可以感受到的。有热忱的人，通常身边一定会有人跟着他走，他做的事情，带着一股力量，其他人说不清楚原因，但就是很喜欢跟着他。这种力量就像一个人衣品很好，从他身边走过的人会忍不住多看一眼一样。

热忱，是我们身上隐形的衣服，走在人群中，我们的眼神比较明亮，注意力比较集中，能量比较充足。你内心感觉自己是要做大事的人，周围的人看到你会认为，这是高手。不一定是因为你好看或者不好看，只是因为热忱本身很容易吸引人。

是否积极主动地认真做事，是很容易被看出来的。一个人认真做事，一个人为了做而做，一开始可能两人的起点一样，一天两天也看不出差别，但三五年后差距会拉大。两个人都在做同一件事，随着任务越来越重，难度越来越大，不够认真的人会慢慢跟不上，觉得难度太大了，而认真的人已经走到了前面，差距会变得越来越大。优秀的人认真起来，做事效率很高，力量感会推着他往前走。

当一个人想把一件事情做成的时候，不会因为被拒绝、任务重、受挫折就没有信心了，他会不受影响地把这件事情做成。

成为一个有吸引力的人

成为一个有吸引力的人，这句话可以延伸出很多潜在的相关词：成为一个领导者，成为一个有影响力的人，成为一个值得追随的人，成为一个对他人有帮助的人，成为一个对他人有价值的人，成为一个照亮他人前行的人，成为一个在日常生活中对其他人有吸引力的人。

如果你是一家有吸引力的公司创始人，会有很多的合作方围绕着你，财富自然而然也会到来。如果你是一个有吸引力的销售员，很多人愿意和你打交道，他们不是因为你卖出了什么东西，而是被你的特质所吸引，想向你学习。

如果想要站在舞台中央，就一定要练习如何走向舞台中央，而不是作为一个观众，在舞台下看着。在这个时代，每个人都可以成为舞台上的焦点。但不是说你站在舞台上，就一定有观众。只有你在舞台上的表演还不错，看的人欣赏你的表演时，才是真正有观众。

台上一分钟，台下十年功。在专业技能的训练上，用 10 年时间练基础功、做准备，用十年磨一剑。如果做一件事情是按照 10 年的周期去努力，并且第十一年还在这件事上努力，那它绝对值得做更久，它也能产生更大的价值。

做一个有吸引力的人，意味着一定要在生活中做出一点事情，不是大喊一声，就有吸引力了。真正的吸引力，是你站在那里，即便不说什么，也有很多人愿意追随，可能是几万人、几十万人或者上百万人。他们愿意追随你一起做事，认同你的做事方式和思考问题的方式。

创造生活的种种可能

生活的种种可能

生活的种种可能，是我们自己创造的。

成年人和小孩不一样，小孩每次遇到新的东西会很好奇地观察、探索。成年人的认知和习惯比较稳定，如果稍微有一点变化，可能就会大动干戈，对新的变化适应起来会有些难度。成年人遵循自己原来的做事方法，会做得比较愉快，一旦采用新的方法，会做得比较吃力，需要慢慢习惯。

成年人如果要进步，要创造，就要保持完全空杯的心态，改变既有的认知和习惯，接纳新事物。面对一个新事物，从来没有见过，也不知道怎么玩，有的人会很喜欢，跃跃欲试，有的人则不喜欢，选择待在舒适区。

人总要进步，要不断迭代。我们一定会遇到不熟悉、不喜欢的事物，这是每个人必然要经历和体验的过程。就和读书一样，有的书写得很精彩，我们会一口气读完；有的书刚开始读时觉得很精彩，到后面就觉得不精彩了。有一本书，我看了十几年了，有一些章节还是看不下去，不是因为这些章节没用，而是因为我觉得自己还没有成长到那个阶段。有一些书，每年看都有新的发现、新的进步，觉得这本书又给我带来新的启发。书里的话在我的脑海中出现很多次，我依然觉得如果再给一次机会，在很多年前能学到就好了。相信大家在生活中也读过这样的书。

在一段时间内做一件事情，要想把时间拉长，一种方法就是多做，也就是高频率地做一件事，每天都做，甚至一天做 3 次或 10 次。我在 2022 年开始做直播，经过一段时间尝试后，每天会在固定时间段做 3 场直播。尽管没做多久，但是由于每天出现 3 次，大家就感觉我做直播很久了。

很多理财类的书籍里都会提到，一般取得一定成果的人，他的收入不会只来自一个渠道。如果你想在生活中创造出有趣的事情，就不能只做一种事情。

只要持续记录，几年后再回溯，生活就是有迹可循的。有一些数据在短期内看不出差距，需要长期才能看出差距。比如现在拍一张照片，感觉自己没有什么变化，但是拿出 5 年前的照片与现在的照片对比，会发现时光不等人。事情本身没有发生变化，照片拍了之后就放在那里。5 年之后，因为时间发生了变化，再拍一张照片，就能看到变化正在发生。

我们都在经历的正在发生的事情，就是每个人都在变老。

抓住可能的机会

创造生活中的种种可能，可以把你目前接触到的所有机会全部列出来，把好的机会抓住，不好的机会直接剔除。如果每次都抓住一个特别小的机会，这个机会能让你进步一点点，最后一定能取得大成果。

有时候我们认为一定要抓住大机会，人才会进步。但其实抓住每一个小机会，也是特别重要的一个环节。因为有时候大机会会演变为小机会来到你的身边，但是你会感觉这是普通的一天，没有什么变化。慢慢地，才会发现这些小机会。**如果认真做事，好好抓住小机会，取得的成果就会很大**。

持续做一件事时，一些机会会逐渐冒出来。你的脑海里会产生一些想法，当想法足够强烈时，会产生冲动，冲动使你阻止不了自己的想法，你一定要去实现。

有时候你会因为环境制约而犹豫，但其实环境并非是真正的制约因素。你应该从自己出发，把自己做好，慢慢地你会发现环境在帮助你进步和成长。不管是好环境还是不好的环境，都不去做评判。换句话说，不对不会影响你的事情做评判，只把能做的事情力所能及地做到极致。

环境好了，就往上冲得快一点，环境不好，就做得慢一点，自己要能控制行动的节奏。可以控制自己的饮食，控制自己的起床时间，控制自己的人生状态，也可以控制自己的思想等。也许你很冲动，控制不了自己花钱，但是你可以控制自己思考怎么花钱。

你可以充分运用自己大脑的资源，这样才会取得更好的成果。

如果停留在每次看新闻的时候看到外界环境不好，心里也会觉得外界环境不好，很多事情就不想做了，但等到环境好的时候，少了积累，也可能做不成。

悄悄扎根，迅速成长

竹子种下去之后，前四年它只会向上生长 3 厘米，还隐藏在地下，地面上根本看不见竹子。到第五年的时候，竹笋破土而出，平均每天增长 30 厘米，6 周的时间它能长到 15 米。

我们看到的是竹子前四年的默默无闻，第五年的迅速生长，没看到的是只长 3 厘米的 4 年里，竹子将它的根在地下延伸了数百米。人也应该和竹子一样，要先扎根，才能迅速成长。

如果一个人迅速成长了，就会忍不住想帮助别人，这是自我价值实现的一部分。但是一般在帮别人的时候，对方不一定听我们的建议，不是每个人都会认为我们的方法好。别人不认为我们的方法好，不是别人的错，是我们自己的错，这样一个好的方法，竟然没有让大家觉得是好的。可以先做出成果来，人们看见成果后才会被吸引。

如果成长没有高出一大截，别人就看不见你的成长。只有在你高出很多之后，大家才能看到你的成长。在一群鸟里面，一只鸟看不出另外一只鸟比自己高还是矮，如果一只鹤出现在鸟群中，大部分鸟就会发现这只鹤与它们完全不一样。当你做一件事时，如果你还能做，就说明你的能力和这件事的差距并不太远。

真正的差距，是你连"够到它"的欲望都没有。

你可以随时发现身边优秀的人。不管做到什么程度，当一个人需要帮助的时候，他一定要开口说："我需要帮助。"专业的人士才能帮得上他。就像你遇到一些问题，也知道一些专业人士能解答你的问题，如果你没有提出这个问题，或者你不知道怎么问这个问题，再专业的人也无法帮助你。

不同的人，其进步速度不一样。同一本书，有人一看就懂，有人要看两三年或者看好几遍才懂，这是很正常的。我比较佩服的是在两三年里持续看一本书的人，他也不是天天看，但是想起来就会去看一下，看了之后会将书中的内容应用到实践中。

有一段时间我重新翻阅十几年前读过的书，书里的道理很多年前就懂得了，再打开看一遍真的很熟悉，有的话我看第一句就能背出下一句。只要翻开读过书，就有新的感受。书看久了与照片看久了一样，会回到当时看这本书的时刻，想起那时自己想要做的事和想要取得的成果。

一件事，做 100 年和做三五年，时间周期不同，做事的方式是完全不同的。要做 100 年的事情，需要穿越时间周期，需要非常专注，一开始就要思考如何深深扎根，如何持续专注，如何穿越周期。

持续成长，去看到更大的世界

真正的成长，是已经看到更大的世界

真正的成长，不是正在看更大的世界，是已经看到更大的世界。

正在看，还看不明白，是不会去做的；已经看到，且充分相信，知道怎么做了，这时候人的内心才是比较清楚的。如果你已经成长了，那么一定是看到了更大的世界，你会被这种成果和其他人的进步所震撼，而不会说"我就羡慕一下。"如果还在羡慕别人所做到的，就说明你还没有看到更大的世界，或者说你还没有真的看到，只是感觉自己已经看到了。

就好比去旅行，看到宏大的景象，第一瞬间是震撼，这不是已经看到了，是你正在看。什么时候人会成长起来呢？是人被震撼之后，回来一想，这个世界太美好了，这件事情太伟大了，自己也要努力去做到的时候。这时候你已经消化了旅行中令你震撼的信息，看到了更大的世界。

比如在专业领域里，看到一个人成长起来，如果你也是一个专业人士，那么你的第一反应是："他做得这么好，我能不能做得和他一样好？"这说明你已经看到更大的世界。你做得和他一样好，是你变得优秀了，这并不会影响他的好，反而会影响他变得更好。

再比如，突然到一座新城市，觉得这座新城市很漂亮，你想在这里住下来，或者想在这里买一套房，或者想在这里实现一个宏大的梦想，这说明你正在看更大的世界。而人在已经看到更大的世界后，一般已经在新城市安定下来，已经知道在这里的生活会怎样，生活成本怎样，生活结构怎样，什么样的人生活在这里，也大概想好了自己如何奋斗。在你看到了更大的世界以后，才觉得自己差不多该实施一个伟大的计划了。

进步最快的方式，是不断去看到更大的世界

在语写社群中，当有人看到语写同学取得的成果，比如一天语写 40 万字，语写总字数突破 5000 万字时，通常有两种反应。没有进行语写的人的第一反应是："这可能吗？这个有人做到吗？做到这个有什么用？"

已经开始语写的人的反应是："我同学的表现特别厉害，我能不能像他一样厉害呢？他这么优秀，是怎么做到的？我能不能向他取经呢？他用什么方法做到的？我能不能用同样的方法让自己变得和他一样优秀？"

以上讲的是两种思考方式，一种是看到别人优秀，第一反应是这可能假的。另一种是看到别人这么优秀，第一反应认为对方一定有一套方法，尽管自己还没找到这套方法，但既然它存在，

就一定要找到，然后做到和对方一样优秀。第二种思考方式会使人变得真正优秀，是进步最快的方式。

挣钱也是如此，有人能挣到钱，说明他找到了某种挣钱方式。而他挣更多的钱，并不会影响其他人。世界的发展变化，不是因为谁挣钱多了或挣钱少了，而是因为所有人都在进步，不断增值，创造资源。

你做得更好，会影响其他人做得更好。你成长起来后，如果周围有人反对你，那么不用太放在心上。因为你变得优秀以后，根本不会影响那些批评你的人继续变优秀，尽量让自己走到最前面就好了。

持续行动，看到更大的世界

已经看到更大的世界，需要加上时间：过去、现在和未来。现在，是指如果你正看到更大的世界，要赶紧去拆解所看到的，想想自己如何变得跟这个世界一样，看自己能不能创造出一些新东西。

已经看到，是指真的动手去做，不能被震撼完之后，自己就放弃了。在看到更美好的事物、更伟大的事物时，要想办法看自己能不能做到跟其他人一样，或者能不能做到跟这个更大的世界一样，去创造一些东西。要想办法看到更大的世界，不要停留在原来的想法和思路上。

我们必须去看到更大的世界，这是我们的责任，也是我们的义务，因为人要成长。人活一辈子，从某种程度上来说既很长又很短，如果你不认真对待生活，时光蹉跎，人就老了。

不管人老不老，这都没有关系，只要你现在还活着。只要你保持好奇心，年龄不是一个界限。人 30 岁时的好奇心和 50 岁时的好奇心，你能区分出来吗？都是好奇心，它们没有区别。

人生很多事情是不区分年龄的。人年龄大了以后，无非学东西学得慢一点。但是人年龄大了以后，知识底蕴更厚，生活经验更丰富，反而更容易理解很多事情了。

当年龄小的时候，让你好好读书，你不懂。当年龄大了之后，才懂得好好读书的道理。人在长大之后还可以用智慧来弥补遗憾，年龄越大，智慧越深。虽然人年龄大了之后在动作上比其他人慢一点，但是更智慧了。

成长溢出

当你呈现自己的学习状态或做到的事情时，看到的人可能会有以下两种反应。

一种反应是对方很喜欢你，他可能和你一样在持续学习或者在坚持做某件事。

另一种反应是对方可能不知道你在做什么，他可能会问："你做这么多，没事干吗？"

不要在乎出现第二种反应的人，你要明白自己是一个终身学习的人，如果你持续学习，就会发现自己身边都是爱学习的人。如果你不学习，就会发现自己身边都是不学习的人。

这就是视网膜效应，你越关注什么，就越出现什么。你没有宝宝的时候，觉得身边好像很多人没有宝宝。当你有了宝宝之后，会发现身边有宝宝的人真多。当你谈恋爱之后，就会发现这里有一对情侣，那里也有一对情侣。

世界是多样的，一个爱学习的人身边一定有很多爱学习的人，哪怕他们现在没有表现出爱学习，也会因为你一直学习，而想要学习。换句话说，每个人心里都有这种特质，每个人都希望变得更好、更积极向上。如果你是爱学习的人，就会发现其他爱学习的人会支持你。

不过，如果你确实在努力，但是努力之后没有结果，你就没有说服力。你要对自己所做的事情有坚定的信念，比如我从 2012 年开始写博客，写了 3 年，到 2015 年都没有取得大的成果，有人问我写了这么久，好像也没什么用。我一般不会太在意。

后来有人告诉我，他在 2018 年看到我 2015 年写的博客觉得很有用，按照其中的方法做，取得了很大的成果。我 2015 年写的东西没有用吗？不是没有用，而是有的人看到了觉得没用，有的人看到了明白我所说的话，他觉得很有用，并且去执行，他就能取得成果。

如果你没有达到成长溢出的状态，就要继续努力深耕。**成长溢出，是你的成长、进步，你要让身边的人感受到你真的成长和**

进步了，取得了成果。有时候这种成果是财富上的目标，有时候是你在危机情况下所能处理事情的能力。

成长溢出，有两种表现。

一是你赚到了钱，可能你原来不具有赚钱的能力，后来通过学习，赚到了钱，大家对你的成长有目共睹。

二是危机情况下的应变能力。虽然有的人很普通、很低调，但是在遇到困难的时候成了那个挑大梁的人。有的人可能平时只是公司的一个"小透明"，但是当公司遇到一件重要的事情要解决时，发现其他人都做不到，只有这个人可以做到，这也是成长溢出。正常情况下，大家可能看不出这个人有多优秀，但在一些特殊情境下，他的能力会全部展现出来。

展现你的梦想

梦想要能立即说出来

每个人都要有梦想，但是对于接下来要做什么，很多人不太确定。

当有人被问道："你有梦想吗？"

大部分人的回答是："有。"

如果继续问："你的梦想具体是什么？"

很多人回答："其实也没有想得很清楚。"

当被问到"梦想"的时候，最好是把自己的梦想说出来，这样才会去实现它，把梦想变成目标，把目标拆解成阶段动作，一个个去做、去达成，事情就能做成了。

展现自己的梦想时，有一部分人会非常支持你，也有一部分人不那么支持你。人越成熟，越能发现这个世界是多样化的。保持开放的心态，接受与众不同的东西。收获他人的支持，要表示感谢。他人不理解，也要表示感谢，这说明你终于做了一些对的事情，只是有些人可能还不能理解。

　　只要觉得自己所做的事是对的，不伤害别人，并且是有利于社会的，就继续做下去。没有绝对的对和错，世界是多样化的。有什么想做的事情赶紧去做。时间不等人，年轻时要多努力，老了就不会觉得可惜。

100% 活着

　　无论在什么时候，好好写作都是有机会实现的，好好读书也是有机会实现的，每天 100% 活着更是有机会实现的。

　　什么叫 100% 活着？有热情地活着。早上起来的时候，感觉今天是活力满满的一天。清早起床，眉毛放松，额头之间很轻松，脑袋运转起来，心中快速默念："今天是美好的一天，今天要实现的目标是……。"

　　也许是在刷牙的时候，也许是在洗脸的时候，也许是在吃早餐的时候，脑海里出现这些话，不需要大声说出来，但是每一句话都要铿锵有力。

　　语言是一种生产力，能为你注入力量。把充满热情的力量和状态融入血液，每天花足够多的时间和自己对话，如果周期足够长，就能把它变成坚定的信念。那什么时候在脑海中进行对话呢？可以在刷牙的时候，或者早上起床的一瞬间。

　　现在就应该开始努力，而不是等到以后再努力。这种对话和思维方式，不需要你很用力地喊"加油"，只需要沉浸在当下，让内在的语言浮现在脑海里，就能产生积极力量。你可以试着深呼吸一下，每次深呼吸，似乎目标已经实现，让人感觉今天真的很美好，尽管有困难、有问题，但是不怕。

人在出门的时候会遇到红灯，人的一生都会遇到障碍，遇到障碍就要退缩吗？那还不如不出门，不如不起床。人在遇到障碍后的第一反应是，应该怎么办？要做的事情是什么？最坏的情况是什么？能不能接受最坏的情况？最坏的情况都能接受，接下来要做的每个动作都是往上走，既然一直在往上走，那么还怕什么？

唯一不能改变的就是自己的年龄一直在增加。如果你面对这么真实的事情都不怕，那么还怕什么事情呢？

每个人都在老去，因为年龄一直在增长。如果这种事情你都不怕，第二天起床后，该干什么还是干什么，所以不用惧怕任何困难和问题，人的力量是很大的。也许有些事情在可控制范围之外，只是你暂时没有考虑到，但是要相信这个世界的多样化，因为有足够多的专业人士可以一次又一次地帮助你解决问题。

比如，你家门口的马路在下雨时被冲坏了，车路过这里很不方便，人走着也不方便，你想去修马路，但能力不够，时间也不够。可是，你发现如果马路真的坏了，一般在大城市很快会有人去修。这个世界会因为有人在关注这些事情，从而变得更加美好。同样在你的生活中，有一些问题没有得到解决，但是这个世界总有人在寻找或已经找到解决问题的方案。

就拿语写来说，我从 2G 时代开始语写，经历了 3G 时代、4G 时代，现在到了 5G 时代，这不是我升级的，是各种专业人士升级的。所以个人除了自身的努力，还要跟上时代的发展。我们要保持好奇心，抓住时代的脉搏，不断跟着时代前进。如果时代给了我们一些机会，我们抓不住，是不是要放弃呢？不是，一次抓不住，应该马上抓第二次、第三次、第四次，直到把每个机会抓住，我们总能抓住看起来有可能的机会。

唯一不能改变的就是老去，年龄会一直增长，我们要在能抓住的时候用力抓住。不要抱怨环境不好，要多想自己能做什么。环境不好，读本书并不难；用好自己的脑袋和智慧，可以不用花钱。

只要你把自己能做的事情做到最好就可以了，要学会把握眼前的机会，把自己的能力发挥到极致。抓住每一次机会，总是有机会把事情做好的。

如果你很忙，那么可以在语写的同时思考自己的人生状态。如果每天感觉时间不够用，总感觉这辈子要做点事情，那么语写可以帮助你加速完成，让你知道自己每天到底在想什么、做什么，从而厘清思路。

如果你很忙，说明你能力还不错，可以进行时间结构和精力分配的优化。如果不知道怎么做，就要找专业人士指点。生活中，有些事情甚至可以不做，但你没意识到，还将 80% 的时间都花在上面。把时间结构调整好，很多事情可以不做，这并不会影响生存。

请用心活着，100% 地活着。

把喜欢的事情，变成赚钱的事情

定下的目标，是用来做什么的呢？是用来实现的。定下目标后，要想尽一切办法实现目标。每天忙碌的目的是什么呢？对于这个问题，如果回答是为了挣钱，可以再细化一些，要挣多少钱呢？明确了目标，才能脚踏实地地去做。

有人问："每天要做很多事情，每天都在成长，但是没时间做赚钱的事情怎么办呢？"那就把成长的时间用来赚钱。

如果你真的喜欢做一件事，就把它设计成能赚钱的事情。那么，每天的时间既能做赚钱的事情，又能做自己喜欢的事情，同时还成长了。原来需要3份时间，现在变成一份，原来做每件事都需要两小时，一共需要6小时，现在效率乘以3倍，两小时做完。这样就可以理解，为什么有的人在一年时间，成长速度接近别人的3年。

喜欢看直播的人，是不是可以这样设计呢？买一部新手机，看直播的时候一边看，一边用语写进行记录复盘。把每天的学习和复盘写下来，并且发到朋友圈。朋友们看到复盘，会觉得你是一个认真思考、积极主动的人。大家都喜欢积极向上的人，希望自己的朋友不断地进步。朋友看到你的复盘之后，被你的内容吸引，他会与你联系，也许会问你："你是如何成长进步的？"你可以告诉他成长的方法、具体步骤等。

如果他问了很多问题，你可以对他说："我的成长和进步，目的就是为了赚钱。"也许有人会质疑："成长的目的是挣钱，这太现实了。"你要明白花费时间的事情，都需要收费。比如你中午出去吃饭，对饭店老板说："老板，我饿了，想吃饭，但是我上午没挣到钱。我先吃饭可以吗？"老板会给你吃的吗？

花时间的东西，不为别的，就只是因为花了 3 小时之后，饿了要吃饭，也要把这部分钱挣回来。不花时间没关系，但是花了时间的专业技能，是一定要收费的。

打造你的个人品牌

做个人品牌，要活出真实的自我

每个人都要找时间活出完全真实的自己，所谓的真实，就是不追求虚无缥缈的事物，力所能及地把能做的事情做到极致，这一点特别重要。

如果你活出真实的自我，就会感觉无往不利，不管做什么事情，都可以超出你目前的能力范围。我们每次在做与众不同的事情时，都要脚踏实地。

我提供的语写服务根本没有那么复杂，无非是每天一小时写一万字。每天写一万字这件事情很难吗？有时候所谓的容易，是不认真的对待。如果不认真对待这件事，就不会产生很大价值。当你认真对待这件事的时候，所有的思考都可以放在这一小时里面，在这一小时里会产生你所不能估量的价值。每天都在创造，自然而然就会进步。

有些知识，很多人不知道，如果在实践中学习这些知识，经历从不知道到知道的过程，做到会比较难；而如果已经学会了这些知识，对大部分人来说信息量不是特别大，付出的时间成本也不高，再去做就会容易一些。

我做事习惯看长期发展。比如 2022 年我刚开始直播时，几乎天天做直播，我的能力并没有明显提高。但持续直播一年，超过 1000 场，再回头看会发现能力提高得特别快。如果持续看我的直播，就可以感受到我当年探索语写体系的状态，足够的专注和投入是非常重要的。经常在讲到激动的时候，获得很多灵感。

语写的时候，可以试着讲得上气不接下气，去写出全身的力量。要投入全部的力量去写自己的作品，要投入全部的力量活出真实的自己。

我的语写课、时间记录课、阅读课、记账课、人生规划课，主要是想挖掘出每个人的潜力。很多人原来不知道自己可以做什么事情，在经过系统的训练后，他们可以认真地把一些看起来在自己能力范围之外的事情做到，并将它们变成能力范围之内的事情，而且做得还不错。比如，原来不知道怎么管理时间，通过做时间记录，可以知道自己的时间去哪儿了。

在 2022 年做了多场直播。直播本身和工作相关。不管有没有客户，不管同时在线的人是多还是少，我都一定要直播。因为我的目的就是练习，如果有更多的人来看直播，当然最好，如果没有更多的人看，也没有偏离我的主要目标。以练习为目的，练习可以让更多的人感受到做这件事的意义。我在直播的时候，一定会按照几千人或上万人观看的情况做直播，只有以这样的标准要求自己，状态才会更好。如果在人少的时候比较放松，在人多的时候比较紧张，就做不到长期直播。

这也是活出真实自我的一种方式。不管观看的人是多还是少，我都一直保持练习的状态。哪怕短期内可能看不到希望，也尽可能让自己少犯错。若直播过程中一不小心犯错了，这不重要，关键是真实地犯错，不是故意去犯错，或者故意不让自己犯错。所以我纯粹是在练习，不管是三五十人看，还是 1 亿人看，都保持一样的状态。在读了很多传记后，发现**优秀的人都活出了真实的自己，而非假装自己是另外一个人。**

做个人品牌，要将 90% 的内容免费传播

如果想做个人品牌，在一开始的时候，就要让自己尝试不同的事情。

做个人品牌的专家汤姆·彼得斯写了一本书，叫《个人品牌50》，书里的法则对现在做个人品牌的人来说一点不过时。

想真正把个人品牌做到最好，只能用作品说话。你几乎不用出现在任何场合，作品本身就代表你的品牌。一些讲师所有的讲授内容都可以是免费的，如果邀请他去演讲或上课，支付给他的费用就会比较贵。有的讲师会免费分享 90% 的内容给别人，剩下10% 的内容收费，并且只服务于一些高端企业或集团。个体创业和公司创业不一样，公司有专门的部门做传播，**如果个体要做品牌传播，就需要花费 90% 的时间，免费传播 90% 的内容。**

2022 年做 1000 场直播，大部分直播是免费的，能回放的也都尽量回放，其实是在打造个人品牌。这会让我上升到一个更高

的阶段。

经过 1000 多场直播，提高了自己的很多能力。

直播锻炼的第一项能力是把一件事从 0 到 1 做成的能力。每隔几年都会练习这项能力，这是我在生存基础上求发展的发展线，直播就是 2022 年我选定的发展线。

40 岁之前，尽可能让自己做积累，短期内这些积累可能并不能带来很大的价值或者变现，但要以练习的心态对待每件事。一旦有时间，我就会尝试很多事情，尝试之后，再选择把一件事情做好。

直播锻炼的第二项能力是表达能力。语写可以锻炼表达能力，但和直播有所不同。语写可以看很多不同的东西，直播需要和观众有互动，需要面对镜头。长期面对镜头需要刻意练习才能掌握其中的方法。

直播锻炼的第三项能力是不断尝试各种不同的工具和场景。视频号直播功能在不断调整和完善，做直播的人需要不断适应规则，并且不断尝试适合自己的工具和场景。未来一定会有更多的人做直播，微信生态整体比较完善，能够产生长期的积累。

做个人品牌，要坚持长期主义

从 0 到 1 把一件事情做成，需要制定一个规划，首先给自己一个明确的目标：什么时间之前完成什么事情。如果这个目标不明确，没有转化成时间，你就不会知道自己什么时候能把一件事情做完。这和赚钱的逻辑是一样的，如果想要一年的利润超过 1000万元，一定要注意一年指的是截至具体的 XXXX 年 12 月 31 日。

在确定把自己能做的事情做完的基础上，再定下自己的目标。如果 12 月 31 日前利润超不过 1000 万元，就将利润定为 300 万元、500 万元。这件事特别重要。目标定下来是为了实现的，如果定了目标，最后没有完成，以后再定目标的时候，就会觉得自己定目标不是为了实现。目标不用来实现，为什么要定目标呢？定下实现不了的目标，你可能会陷入一直实现不了目标的状态。所以我们千万不能这样做。

每次定目标都要记住，是为了实现才去定。

做个人品牌，相对来说时间比较久，可以持久地把一件事情做成。品牌是跟着很多东西发展的，想到 LV 时，是不是想到了箱包、服饰、奢侈品等。这些都是它的品牌特征。

在所有领域里，做个人品牌一定要用事实证明你是一个品牌。LV 不需要告诉别人它是一个奢侈品牌，它已经是一个奢侈品牌了。从某种程度来说，品牌的定价本身决定了它会有哪些客户，不同的人买的东西是不一样的。

如果做个人品牌，必须干一件事，就是必须将 90% 的知识体系写成文章。只有把 90% 的内容写成文章，才能分享给其他人。

至于个人品牌是做得好还是做得一般，不是靠自己评判，而是把它放到更长的周期中，让时间来评判。几年之后才会知道内容是否成体系。

做个人品牌，要长期写文章，做视频也要经常露面。如果想把生意做好，就必须告诉顾客你在哪里开了店，让顾客到店里购买产品和服务，你的店才能持续开下去。做个人品牌和开店几乎没有差别，如果有一个地理位置好的店，每天都要去经营。如果店铺的位置比较偏远，唯一让客户找到你的方法就是发传单。现在发传单，比较典型的做法是日常更新公众号或视频号，这样每个人都有同等的资源。

现在大家在什么地方开店，几乎没有差别。比如两个人在视频号分别开一个小商店，成本是一样的，资源也是一样的，一个人挣到了钱一个人没挣到钱，是认知的问题，还是行动力的问题？绝大部分人是行动力的问题。

只要认真去做，就可以做成。做的时候要全力以赴地做，不要随便做做。直播，每个人都可以花点时间去尝试一下，也可以把它当作练习，就像练习语写一样。

在我练习语写的前 6 年，几乎不花时间考虑怎么变现。2012年我开始做语写的时候，我的想法是 2060 年之前都不一定会做得多好，2060 年之前都不要考虑会取得什么成果，而是直接去做。无论这种想法是好还是不好，都可以让我更加认真地考虑如何做好一件事情，我不会那么着急看到结果，我会慢慢去做。

直播也是如此。我对自己说在没做够 1000 场直播之前，不要考虑直播能带来什么，甚至我也不知道做直播是否有用，也许在直播过程中，我所说的一半的话是没有用的。如果另一半话有用，就可以对其他人产生行动上的影响，并且如果有观众在一年之后告诉我，看了我的直播，有了行动，做成了一些事，那会是我最开心的事情。

因为我在练习直播的同时，让其他人有了成长和进步，这是一个老师应该做的，也是老师的价值所在。这也是每个人都有的资源，你可以把你的想法、心得、感受分享给其他人，不需要太高的成本，只需要你用心。

做个人品牌，要主动展现成长

如果你想做个人品牌，要做的第一件事不是告诉别人你是谁，而是做一件有价值的事。并且在做这件事的过程中，把你所有的行动、思考、结果都呈现给大家。

我原来练习语写的时候，在完成 1000 万字之前，只写我在语写 1000 万字的过程中取得了什么成果，几乎没有对别人说过这会带来多大帮助。但是对方会通过我的行动感受到，原来这是有用的，它可以为别人提供帮助，慢慢地有一些人主动向我了解语写的训练方法。

我在学习摄影、拍视频的过程中，无法将"成长"展现出来。但是直播这项能力可以直接展现"成长"，而且可以从"展现"到"展现"。我不仅在这么做，而且把怎么做都说清楚了，这是积累个人品牌的过程，或者说是积累某个领域专业知识的过程。

在练习直播的过程中，我会把所有时间都用来做直播测试。我喜欢尝试不同的方法，主要目的是让自己成长。

很多人短期内没有做直播的需求，可能只是围观。一旦他想做直播的时候，就会来找我，他看到我每天都在直播，看到我尝试了各种工具和场景，也犯了一些错误，现在越做越好了。他认为我能给他帮助，让他少走弯路，减少时间成本，帮助他快速把事情做成。

一个人对其他人的认知影响始终是比较短暂的，听完课一段时间后可能就不记得内容了，但是对行动的影响会比较直接且深远。当你影响到对方的时候，对方在关键时刻，会想起这件事好像在哪里见过，记得你做过。

如果只是听说，很容易忘记，但看到别人做过，就会记得比较长久。

这是我打造个人品牌的路径，这个路径并不会直接取得成果，也不会快速帮我把个人品牌做成。如果你要找捷径，有一种方法可以帮你快速打造个人品牌，那就是花钱找专业领域的专家。

我在新的领域学习，比较愿意投入自己的时间，因为再好的道理，都需要去实践。在做的过程中，可以磨炼自己的心智。

自学的能力得到提高，比具体学到什么更重要。

我建议 35 岁以下的读者花更多的时间自己摸索，这样能锻炼学习的能力。35 岁以后，我会更倾向于找专家付学费，因为这时候时间价值更高，你所承担的责任更大，付费会让你更快达成目标。

当然 35 岁并不是完全固定的，每个人不一样，可能是 33 岁，也可能是 50 岁。只要当你感觉自己不能再花时间去摸索，必须快速进步时，就要花钱学习。

另外，我建议你停下来思考一下，在明白了这么多道理之后，哪些事情你做到了。回顾一下你学的所有课程，哪些课程是你听了之后会去做的，哪些课程是你听了之后就忘记了的。

花钱，要学习能让你采取行动的课程或技能。

规划你的人生

人生可以规划吗

人的行为是随机的。我们在规划未来的时候，要尽量减少随机性，但不管怎么规划，一定都会有随机性。既然一定会有随机性，就说明不管你怎么规划，都会有规划外的部分出现，这就是人生是否可以规划的答案。

我在《极速写作》中提出了"人的行为是随机的"这一理念。不管是怎么做事，一定都会产生随机性。为了避免随机性，我们可能会像没有目标的人一样向很多方向走，要尽可能地让自己固定在某一个领域，朝一个方向、两个方向或三四个方向深耕。要想清楚哪些方面是可以规划的，比如身体健康是否可以规划，学习是否可以规划，财富是否可以规划。

可能大部分人只重视自己的短期收获，而不重视长期成果。我给大家一个小建议，如果一件事情不值得你做很久，就不要做太久。如果一件事情值得你做很久，就不着急只做一阵子。有时候，我们会着急做成一件事，哪怕熬夜也想做成。如果一件事情值得你做几十年，可能熬夜也做不成。所以大家做任何事情的时候，都要想清楚，你所做的这件事情的时间长度是多长。我一般不建议大家做短期的事情，如果一件事情值得做，就一定可以做很久。

很多人做事情，大概需要 3 年时间才做成。假设 3 年左右换一次工作，如果每次都是不同领域的工作，等到了 35 岁或 40 岁，还是想不清楚这辈子要干什么。如果从年轻的时候开始一直在一个领域积累，当已经积累了 5 年、10 年或者更长的时间时，会对很多事情想得很清楚。

假设今年 35 岁，现在就要想清楚 55 岁之前要做的事情。如果这件事情要做 20 年，不管在什么领域，不管这个领域的难度有多大，都一定能取得成果。如果你没有想清楚，20 年内朝 10 个方向做事，每个方向做两年，可能到 55 岁，还没想清楚自己能做什么。当很早就开始做积累，收集素材，验证数据，明确自己在什么地方，朝什么方向努力，取得成果是水到渠成的事情。

你有规划人生的能力吗

每个人都有规划人生的能力，就看你有没有把它用起来。

你只需要把规划人生的能力激活。相信自己有规划人生的能力，你就能有，如果不相信就没有。有些事情，只要把注意力转到这个领域，就会发现自己瞬间拥有一些能力，规划人生就属于这样一种能力。

你是否对人生有所规划？人生规划里，有哪些是可以规划的？

在你没有做规划之前，不知道自己有这项能力，但是做了规划之后，就具备规划的能力了。只需要把目前能做的事情做到极致就好了，而不是把不能做的问题都列出来。你的规划也许不是很清晰，但是不代表没有。

规划人生的能力，人人都有。我开设的人生规划课是实践课，但是告诉同学们人生规划是个体力活。

每个人都具有规划人生的能力，但规划人生又是体力活，如果你去做，就能做到。做几次，就具备规划人生的能力了。

人生规划要以终为始

在人生规划课中，我强调"以终为始"。我们在做人生规划的时候，要知道自己 100 岁时的大概状态，这个要写清楚，如果没有写清楚，就是 0。比如从 0 到 100 岁，如果你不知道终点是什么，就不知道路径。**如果知道了终点，想找到路径，就要往回走，确定两点：一是方向对不对；二是做事方式的原则对不对。**

方向，指的是以 10 年为维度，是一次做 10 件事情，还是 10 年做一件事情。如果你的方向对了，就是 10 年做一件事情；如果你的方向不对，可能 10 年做 10 件事。从 0 到 100 岁，如果方向是确定的，往前走的思路就会很清晰。如果方向不确定，很容易这边走一下，那边走一下，甚至往回走，往下走，而不清楚方向。

做事的原则是，现在就开工。不管 20 年后达成什么目标，现在就开工，3~5 年都会有所收获。如果想让自己学得更多，可以买专业书籍或者找专业人士指导，或者自己去实践，从现在开始播种，以后才会有收获。

在任何领域，基础教材和发展历程都是绕不开的，抓住这些基本的东西，从现在开始积累。

人生规划的底层思维

人生规划有 5 个底层思维，分别是数据化、可行性、连续性、放弃原则、行动力。

第一，数据化。

很多人在写下自己的人生大目标后，向前走的过程中会发现还是不够细致，这是没有将它的数据细化，大目标推不动。如果当前推不动，10 年后推动的概率可能更高一些。但也有可能 10 年后，就忘记了或者不推了。所以，我们要将大目标的数据进行细化，逐步去推动。

第二，可行性。

人生规划，每年可以做一次。第一年定目标，第二年可以在第一年的基础上，把可行性写下来。可行性意味着不仅要把目标定下来，还要把具体做哪些事情，以及做事情的步骤都写下来。换句话说，20 年后的目标不要等到 20 年后再开工，现在就要力所能及地把事情做到极致。

第三，连续性。

一件事情如果要做，一定是连续存在的。不是在 0~100 岁期间，走一段断了，又走一段又断了，它可以循序渐进，是连续的，这样可以在更长期的维度上，把一件事情做好。一辈子可以做的事情是什么，每个人的答案都不一样，但一定要持续做。

第四，放弃原则。

做一件事情，想长期做成，时间要更长；想短期做成，时间可以更短。如果你觉得一件事可以长期做，但你没有尝试，就可以设定放弃原则。具体的做法是，设定一个截止时间，3 年或 5 年后评估一下所做的事情，哪些事情差不多可以告一段落，有些事情继续做需要的时间成本很高，不继续做，又划不来。

在我们要做的所有事情里，既要做加法，也要做减法。在人生规划中，加法是"我要做什么"，减法是"不要做什么"。如果一个人只做加法，不做减法，也不行，因为他不可能负担所有事情，只能负担一部分。

看一看哪些事情做 20 年可能就不做了，哪些事情做三五年可能就不做了，把它们写清楚，你会发现人生总是可以不断开始的。

放弃会让你更明确什么事情值得做。

如果知道什么该放弃，你就知道什么该坚守，如果什么都放不下，就要找出足够多的理由，想办法让它坚持得更久一些。

第五，行动力。

行动力，就是立刻行动的可行性。可行性是指一件事具体怎么做的路径，行动力增加了行动的可能性。定下目标后，看能不能从明天开始做，或者从今天开始立刻就做。

比如喜欢画画，可以马上下单买画笔；喜欢吹口琴或笛子，也可以马上去买。哪怕是 20 年后才开始的目标或计划，也可以想想从现在开始做准备能不能让你在 20 年后一开始行动，就正中靶心。

不管是今天还是明天，把未来的事情放到现在做，都是一个开始。比如目标是挣 10 亿元，如果没有成立公司，是很难承载这笔财富的，一开始可以研究一些基本的关于公司的知识点，这样把一件不知道从什么时候开始的事情，变成现在可以开始做的事情。

如何做人生规划

有些单身的人没有规划。我问他，什么时候找对象？他说不知道。我问他，你想在 50 岁的时候是一个人，还是两个人？他说 50 岁可能是两个人。我继续问，你会在 40 岁的时候有对象吗？他说可能有。那这是有规划还是没有规划？这其实是有规划。他不知道什么时候可以找到对象，但是确定了边界后，他明确知道在哪个年龄段可能会有成果。

假设他现在 32 岁，他说自己 40 岁可能会有对象，那他 35 岁时有对象吗？如果他认为自己 35 岁时没有对象，那有对象的时间边界就锁定在 35~40 岁之间。再继续问他是在 37 岁时有对象，还是在 38 岁时有对象？如果他认为自己在 35 岁时有对象，那么再往前他在 33 岁或 34 岁时有没有对象呢？假设他在 35 岁的时候有对象，32 岁到 35 岁之间还有 3 年时间，这 3 年的时间又可以确定一个边界。

我还会问 50 岁的时候，你的孩子是 18 岁还是 16 岁？他说自己 50 岁的时候孩子可能 18 岁，我说不可能，32 岁时还没有对象，50 岁时自己孩子 18 岁的可能性不大。这就是规划和现实之间存有差距。于是再缩小边界，他可能回答 50 岁时孩子 16 岁。那么假设他 34 岁时有孩子，谈恋爱可能需要一年时间，怀小孩 10 个月。最后边界缩小到如果今天晚上不出去认识一个人，这个规划就实现不了，于是便有了行动计划，今天晚上先出去认识合适的人。

如果你觉得一件事情是必须完成的，就今天晚上完成，而不是等到明天再完成。

交什么朋友，认识什么人，是没有规划的。但是什么人不认识，你是否有规划？如果有规划，哪些地方不可以规划？把不可以规划的地方缩小边界，直到将规划与今天的行动联系起来。

当要做的事情特别有难度时，我对自己的认知会更清晰一些。在服务行业做久了以后，很清楚哪些人不是学员和客户，我经常拒绝不合适的学员和客户。如果一名学员或客户在我这里学习的时间比较短，他就很难理解我的理念。如果学习的时间长，我就不用着急让他成为我的学员或客户。如果条件还不成熟，我会让他做完某一些事情后再来。既然我做的事情是长期的，就不要着急在这一两年让他成为我的学员或客户，我可以等他 3 年、4 年，如果他不重视我所指出的问题，可能三四年后他依然不会成为我服务的客户。

当你具备了某种条件之后，再去做某些事情，有时候这可能是一个伪命题。我们要做的是明确现在能利用的最好条件是什么，假设不具备这样的条件，自己是否还会做这件事情？假设有钱了，那你会做什么事情？当你真有钱时，不仅规划的事情没有做，可能钱也没有了，因为钱又花到了别的地方，时间也是这样。

被规划过的时间，才会被最大化地使用。

人生规划实践指南

首先，定个小目标，做人生规划的当天目标是（100- 现在的年龄）×1000/2。比如你今年 40 岁，今天要写（100-40）×1000/2=30000 字，余下的部分在未来 7 天内完成，能当天全部完成最好。

然后，给不同的年龄建立一个文档，每到不同的年龄，就打开文档，每一岁的规划要求写 1000 字。

接下来，用 10 个步骤在一天内规划一生。

第一步，在 100 岁的文档中写下这辈子一定会完成的事情，写下所有的梦想，用已经完成的状态写。

第二步，在逢 10 的岁数文档中，都写下一些字，即 50 岁、60 岁、70 岁、80 岁、90 岁，让每个逢 10 的岁数文档中都有字。

第三步，在逢 5 的岁数文档中，写下你一定能实现的事情。不要写"我期待""我可能"，而是写"我已经"，从年龄小写到年龄大。

第四步，在逢 8 的岁数文档中，写下你有多少钱，这辈子一定要获得的财富值。财富可以分为净资产和流动资产，加上明确数值。倒序书写，从年龄大写到年龄小。同时，你可以写一个商业路径，不用考虑钱是怎么赚的。

第五步，在逢 9 的岁数文档中，写下身边重要的人的年龄，比如丈夫、妻子、孩子、爸爸、妈妈等。写到后面，人会变多，因为你会有子女、孙子孙女、曾孙子曾孙女等。

第六步，在逢 2 的岁数文档中，站在自己认为很厉害的角度，写下你做了会后悔的事情、不要去做的事情，比如不要熬夜等。站在未来的角度，给过去的自己一些寄语，告诉以后的自己一定不要做的事情。比如不要半途而废等。

第七步，在逢 6 的岁数文档中，以作品的维度书写。记录你这辈子做得比较厉害的事情，可以是事业上的重大成就，比如你出版的作品是什么，或者你出了多少本书、做了哪些贡献。

第八步，在逢 1 的岁数文档中，写下你要开始做的一件事情；

在逢 7 的岁数文档中，写下这件事结束时获得的成果。这才是终身学习者终身学习的样子。你还可以试着想象自己没做过的事情。

第九步，在逢 3 和逢 4 的岁数文档中，至少写 100 字内容，写人生一直想做的短期的事情，写的时候要确定好大方向，在实际执行时往前推两年、往后推两年都可以。如果你有旅游计划，务必写上父母的年龄。

第十步，将每个文档都写到 100 字。所有的文档里面必须有不低于 100 字的内容，7 天内每个文档不低于 1000 字。不要拖拉，也不要担心不完美，完成比什么都重要。

人生规划课，就是用一天模拟你的一生。当天的事情当天做，不要等到以后。当天就全力以赴地去完成。完成和不完成是分水岭，人就是在有限的条件下去成长的。

人生规划是一个不断更新迭代的事情，不同的年龄写下的目标，要确保核心指向一个方向。

不管怎样，人生不会完全如你所愿，你做一件事的时候会有很多诱惑、会不尽如人意，写得不顺利很正常。没写完可以理解成人生就是有做不完的事情。现在你可以选择主动写完。

一定要有终止时间，如果没有终止时间，就等同于永远没做完。哪怕你去世的时候你还有事情没做完，要做总结，做减法。

用有限创造无限

有限与无限

有限，是指有边界的东西。凡有边界即为有限。相对地，无限是指没有边界。我们可以用有限创造无限。

比如语写一天一万字是有限的，写什么内容是无限的。字数有限，创造的内容无限。这是语写的有限和无限。

一天 24 小时是有限的，但是你可以 24 小时里做不同的事情，这是无限的。时间有限，你创造的可能无限。这是时间的有限和无限。

拥有的金钱是有限的，可以花钱做的事情是不同的。同样是 5 万元，有人越花越赚，有人越花越少。这是财富的有限和无限。

手机或照相机的储存空间是有限的，拍照能记录下的精彩瞬间是无限的。这是储存的有限和无限。

一个人的精力是有限的，每个人在消耗精力的这段时间内，创造出来的价值是无限的。这是精力的有限和无限。

用有限的时间或金钱，做一件可以引发你思考的事情，这是无限的。

终此一生，不管我们是谁，都是用有限的事情去实现自己无限的价值。

对立统一的有限与无限

有时候，无限并不是真正的无限。有限和无限是相辅相成的。

语写可以一天写一万字，也可以一天写 40 万字。

刚开始语写训练，一万字和 40 万字比起来，会觉得一天语写 40 万字的难度无限大，当你能做到一天写 40 万字时，你会发现 40 万字也是有限的。

可能听老一辈人说过，他们当年参加工作后一天就挣 10 元，这还算很高的了。如今，在大城市工作月入一万元可能也不算多。如果一个月只能挣一万元，突然听说有人一个月挣 10 万元，就会觉得对方好厉害，自己只有发挥无限的潜力，才能做到。如果有一天你月入 50 万元，就会发现这也不是真正的无限，还会看到别人每年挣 500 万元甚至 5000 万元。

再说阅读，到目前为止，没有人可以将所有书读完，因为书的数量和内容是无限的。人一生读书的数量是有限的，但是可以读任何自己想读的书，启发无限的思考。也就是说，可以通过阅读有限的内容，创造无限的价值。

我们永远不会知道全部的知识，只能在无限的知识里面获取有限的知识点，再去做无限的事情。只要我们把知道的一部分内容做到了，就已经够了，很少有人能保证所有的事情全部做到。

在《极速写作》中，我建议大家列出一生要读的 1000 本书，这 1000 本书是有限的，但每个人列出的 1000 本书的书单是不同的，这就造就了无限。你和另一个人的差别，不在于列出的 1000 本书单，而在于知识结构不同。

有限和无限，要一分为二地看，可以说两者实际上是一件事，又是相对的，可以互相转换，可以循环向上，不断增长。

而行动一定要从现在开始。孩子刚出生，你想为他拍照，记录他的成长，但你又觉得自己的拍照技术不行，想先提高自己的拍照技术，这一提高就花了 10 年，也意味着你错过了对他 10 年成长的记录。如果从当下开始，随时记录，收集一切可能的素材，过了 10 年，你会发现原来拍得不好的照片成了积累的素材，这是 10 年时光的记录。

时间记录也要从当下开始，从使用"时间统计 App"开始。我们对时间的属性不是很敏感，但我们对发生了什么事情很敏感。要尽可能记录当下的时间和事件，这是为自己做好复盘的基础。一个人不复盘过去，很难清楚地知道自己做过了什么，哪怕你进步了，也不知道自己进步多快。

如何以有限创造无限

资源是有限的，但我们做的事情是无限的，我们这一生无非是用自己有限的资源去做无限的事情。

如果你明白了这一点，就能将"以有限创造无限""力所能及地做到极致""在生存基础上求发展"联系起来。

"力所能及"是你的有限，而"在生存基础上求发展"，发展是无限的。

把力所能及的事情做到极致，在生存基础上求发展时，你就能以有限创造无限。

力所能及地做到极致，是指我们用现有的资源逐渐推进，去做到原来做不到的事情。比如我们现在都使用手机，可能是用手机娱乐，有的人就用手机做直播，一场直播可能会挣几十万元。有的人在一段时间内集中完成了一定的业绩量，这是有限的，他把手机使用到极致，这也是以有限创造无限。

力所能及地做到极致后，在生存基础上求发展，就根本不用做意料之外的事情，你只能用现有的资源，做你意料之内的事情。

以我自己为例，从 2G 时代开始语写，那时候已经有 3G 网络，但当时没有更换 3G 卡。4G 来了之后，我还用 3G 网络，因为 4G 卡的套餐比 3G 卡的套餐贵。我得在生存基础上求发展，那样才交得起话费，才能用 4G 网络练习语写。

力所能及地做到极致，就是不管我当时用什么设备，都会用尽全力去做事。

如果要进步，要发展，就要把手上的事情做完，力所能及地做到极致，不要去追求那些虚无缥缈的事情。现在能做什么，就做什么，把手上能做的事情做到最好，就可以了。

20 年后回头看，现在可能不是最好的，但不能期待 20 年后的样子，不能现在不生存、不行动，一切都要从现在开始。

在生存基础上求发展，是我们做所有事情的动力和基础，不要期待突然中彩票来实现自己的梦想和目标，要把眼前可以做的事情做到最好，把现在生存线之上的部分划出来，在保证生存的基础上，做发展线的事，可能会需要很多钱，或者生活过得不是那么舒服，但是可以看到以后的发展。

用有限和无限要求自己。手机的功能是有限的，但有一部手机就能在家上班；你能去的地方是有限的，但现在通过网络，你可以去很多地方，还可以了解以前不知道的信息；脑容量是有限的，但想象力是无限的，你想获得知识，只要去找，就一定会有答案；现在你所拥有的金钱是有限的，但要对以后抱有期待，充满希望，以后你会有无限可能性；今天的时间是有限的，但不代表你创造的价值是有限的，要用有限的时间和有限的资源，去做出不一样的事情，去释放生命带给你的无限精彩。